職場倫理

莫嘉廉、陳建榮、趙茂林、陳瓊霞、王涵青　編著

 全華圖書股份有限公司

國家圖書館出版品預行編目 (CIP) 資料

職場倫理 / 莫嘉廉,陳建榮,趙茂林,陳瓊霞,王涵青編著. --
四版. -- 新北市 : 全華圖書股份有限公司, 2022.07
　　面；　公分
　ISBN 978-626-328-285-8(平裝)

　1.CST: 職業倫理

198　　　　　　　　　　　　　　　　111012060

職場倫理

作者 / 莫嘉廉、陳建榮、趙茂林、陳瓊霞、王涵青

發行人 / 陳本源

出版者 / 全華圖書股份有限公司

執行編輯 / 梁譽耀

封面設計 / 曾霈宗

郵政帳號 / 0100836-1號

印刷者 / 宏懋打字印刷股份有限公司

圖書編號 / 0910103

四版一刷 / 2022年7月

定價 / 新臺幣350元

ISBN / 978-626-328-285-8

全華圖書 / www.chwa.com.tw

全華網路書店Open Tech / www.opentech.com.tw

若您對書籍內容、排版印刷有任何問題，歡迎來信指導book@chwa.com.tw

臺北總公司(北區營業處)
地址：23671新北市土城區忠義路21號
電話：(02) 2262-5666
傳真：(02) 6637-3695、6637-3696

中區營業處
地址：40256臺中市南區樹義一巷26號
電話：(04) 2261-8485
傳真：(04) 3600-9806(高中職)
　　　(04) 3601-8600(大專)

南區營業處
地址：80769高雄市三民區應安街12號
電話：(07) 381-1377
傳真：(07) 862-5562

目錄 Contents

實踐篇

附錄篇

PART Ⅰ

導論篇

Introduction

第一章
職場倫理的內涵

　　大部分的人都會進入職場，並在當中經歷許多考驗，在職場中，跟其他人互動甚或所面對的大小事情，未必都能符合自己的觀點、想法與期待。因此，面對職場中的人、事、物，當以何種方式來因應、處理與做適當的決定，就是職場倫理所要探討的重點。以下本文先說明職場倫理的意義，再針對職場上所面對的兩難情境與其重要的倫理思維做簡要的說明，最後深入探討在職場倫理的領域中做出最適宜的決定，處理兩難的困境，並承擔責任。

一、職場倫理的意義

　　職場倫理是指個人在職場工作時，對自己、對他人、對社會大眾以及對工作本身所應遵循的行為準則和倫理規範。其目的主要為了提供該職業的從業人員，能兼顧其專業態度（專業倫理）與合宜的立身處世方針。

　　一般而言，在職場上的基本倫理內容，大體上可以歸納如下：

1. 遵守工作規範
2. 服從上級命令
3. 嚴守公司機密
4. 提昇工作效率
5. 表現忠誠態度
6. 發揮團隊精神
7. 尊重他人隱私

　　有些人或許會認為這些內容是老生常談，一般人都知道吧！然而，為什麼有些人知道但卻做不到呢？這種情形，就如同學校規範學生在求學時，上課不遲到、不早退、

考試不作弊等，這也是老生常談，但是爲何有些學生就是做不到呢？這種知道卻做不到的現象，有可能是個人因素，也有可能是環境因素，影響了當事人所做的決定。

不過，這些基本倫理的內容在運用時，有時也會互相矛盾，甚至讓員工感到爲難。例如：2013 年台灣發生了「パン達人事件」[1]，標榜「天然酵母，無添加人工香料」的麵包，卻被港客踢爆疑似用香精增加麵包香氣後，遭衛生局人員查獲添加人工香精，這顯然是重大的廣告不實事件，パン達人的員工會不知道麵包有添加香精嗎？香精跟天然酵母之間很難區分嗎？如果パン達人的主管把麵包添加人工香精當作公司機密，要求員工必須嚴守公司機密、遵守工作規範、服從上級命令、表現忠誠態度，那員工該如何自處呢？此時員工就必須藉由倫理思維來判斷他／她該如何選擇與決定了。

1　パン達人手感烘焙是台灣的一家連鎖麵包店，2010 年 12 月開幕，標榜「天然酵母，無添加人工香料」，但在 2013 年 8 月 17 日，香港部落客 Keith 在網路上發表文章質疑パン達人的產品添加人工香精，不久之後，台北市與新北市政府衛生局稽查胖達人，發現產品含有人工香精，而パン達人自製的「天然酵母」無法提出證明，與廣告使用天然酵母不符，涉及廣告不實。パン達人違反《食品衛生管理法》第 28 條第 1 項：「食品、食品添加物、食品用洗潔劑及經中央主管機關公告之食品器具、食品容器或包裝，其標示、宣傳或廣告，不得有不實、誇張或易生誤解之情形」，依據同法第 45 條：「違反第 28 條第 1 項或中央主管機關依第 28 條第 3 項所定辦法者，處新台幣 4 萬元以上 20 萬元以下罰鍰……」，被台北市衛生局開罰 18 萬元。在失去消費者的信任後，該公司於 2014 年 1 月正式停業。

二、倫理思維與兩難

　　當員工面對職場上的兩難情境，該如何選擇與做決定呢？以前面的パン達人員工為例，當公司要求員工把麵包添加人工香精當作公司機密時，員工該如何選擇呢？他／她如以考量能繼續保有此工作為前提時，他／她會考慮到，若他／她將此公司機密說出，可能會面臨到失業的問題，因此，他／她或許就會選擇不說；但如果他／她從消費者健康的角度來看，此公司機密有欺騙消費者的嫌疑，因此，當他／她選擇說出，那他／她可能會面臨公司懲處，甚至是失業的代價[2]。又或許他／她把自己的親友列入考量，為能保有工作又能維護親友的健康，他／她只將此公司機密告訴親友，叫他們少吃或甚至不買，至於其他非親友的消費者就無法顧及了。如果你是該公司的員工會如何選擇呢？你做的選擇會有什麼樣的後果？你願意承擔那個責任嗎？

　　再如現在職場上盛行的「上班打卡，下班責任」的「責任制」來說，企業雇主告知員工公司採「責任制」，沒有加班費，而員工明知該企業是不屬於政府所明訂的「責任制」類別[3]，該如何處理呢？如果員工想保有這份符合自己所長的工作，他／她會向政府相關機關檢舉嗎？檢舉後，公司會被政府裁罰，但裁罰的費用也不會給自己，且自己還可能失去這份工作。如果不檢舉，又會讓自己做超出《勞基法》規定工時的工作，卻無加班費可以申請，如果你是該公司的員工會如何選擇呢？你做的選擇會有什麼樣的後果？你願意承擔那個責任嗎？

2　此種行為，一般稱之為揭發（whistle blowing），「揭發」常被視為是員工對公司不忠實、不服從的表現，因此員工要揭發公司的不合理作為或違法行徑，常面臨的問題則是可能會被調職、降職，甚至解雇。另外，員工揭發雇主違法行為，如果沒有足夠的證據，反而會造成員工自己受到處分，被解雇，甚至面臨司法訴訟，對員工而言具有相當大的風險。

3　責任制的工作性質與職業類別，必須符合的程序如下：第一要符合《勞動基準法》與《勞動基準法施行細則》的規定；其次要符合勞動部所核定並公告的工作類別；最後要報請當地主管機關核備。因此，並不是每一個工作都可成為責任制，必需符合上述要件始成為責任制。所以，未經主管機關公告為責任制之工作，企業是不能自認為責任制工作而不給付加班費。

爲了讓學生日後在面對職場上的兩難問題時，可以藉由個人自主思維的方式，來決定自己該如何選擇，本書在〈基礎篇〉中先介紹「如何思維」，希望能讓學生學習培養思維的習慣，其次再介紹「兩難問題」，讓學生理解兩難問題的內容，第三以「倫理情境分析」，來作爲面對兩難問題時，《職場倫理》中提到的議題及事件的處理，內容包括：

1. 事實爲何？
2. 道德（倫理）問題何在？
3. 有哪些利害關係人？
4. 有哪些解決方案？
5. 評估各方案的道德性？
6. 有哪些實際上的限制？
7. 該做哪些最後的決定？

　　藉由上述七個步驟，讓學生有能力自行判斷、分析、決定何種方案最適合自己，同時也要承擔應該負的責任。

　　其中「道德（倫理）問題何在」的部分，本書在〈理論篇〉中介紹常用的三種道德法則，即效益論（Utilitarianism）、義務論（Deontological Ethics）與德行論（Virtue Ethics），讓學生可以學習從不同的角度來判斷事情能否符合道德。

三、職場倫理的領域

　　本書是以個人爲中心的角度來看，當自己處於不同的職位，在職場上面對不同領域的對象時，由於雙方關係的不同，導致彼此的認知有所差異，互動時也會有不同層面的考量。本書分爲八個領域說明，以公司爲例，如果你是公司的業務經理，在經理的上面有董事長、總經理等「上司」，經理下有組長、組員等「部屬」，公司內也有與業務經理平行的「同事」，如企劃經理，而經理除了在公司內與這些對象互動外，在公司外與這家公司合作的「合作廠商」，購買這家公司產品的「消費者」，還有與這家公司銷售相似或相近產品的「同業」也需互動。除了上述對象外，這家公司所銷售的產品是否會對「環境」造成影響，以及這家公司是否遵守「政府」的規範等，也都是要考量的重點。

因此，職場倫理的八個領域分別是：我與上司、我與同事、我與部屬、我與同業、我與合作廠商、我與消費者、我與政府、我與環境。本書在〈實踐篇〉中，運用倫理情境分析的七個步驟，藉由時事的個案分析，讓學生一方面認識職場倫理的領域，另一方面能透過個案分析，切身理解整個分析過程，讓學生在日後面對這些情境時，能有自主思維的參考依據並能實際運用之。

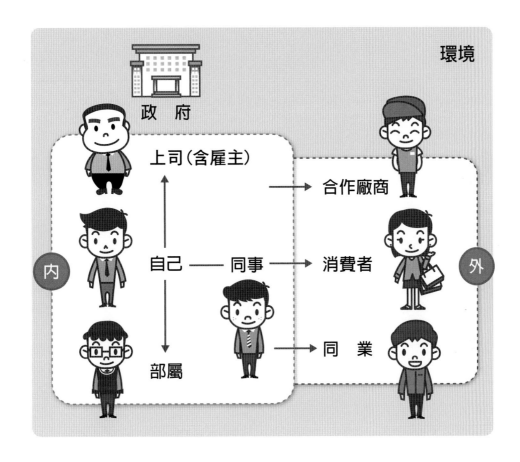

PART II

基礎篇

Basics

第二章
如何思維

　　基本上我認為每個人天生的理性思考能力或許都差不了多少，但實際的差異在於如何運用這項能力到達與他人不同的等級上。提升自己的思考能力有賴於後天的努力，簡單來說，就是多補充新資訊（知識）、多動動腦。無疑地，有時在從事思考時，常會讓人進入到一種不太舒服的狀態。反之，「不思考」或「簡單式思考」迅速地便能讓我們身心進入到一個舒適圈，逐漸習慣於處在這樣的模式中。

　　舉個例子來說，在所教導的學生中某些人已經有過職場的工作經驗，也遭遇、聽聞到許多職場人際關係上，或特有於職場環境中所發生的問題。然而，在課堂的問題討論中，所得到的答案幾乎是千篇一律。如果遇到了公司讓員工超時工作，或遇著了公司老鳥不友善對待的問題，撤除了採取不理性與違法的行為外，要麼咬牙苦撐「忍耐」，或者「離職」走人，是學生常回饋給我的答案。追問為何只能是這些選擇？還有沒有其他的可能性？多半同學都已經放棄再做出進一步的探索。試圖做個合理的推敲，選擇「忍耐」方式回應所遭遇的處境，大多是為了能繼續保有工作職位，而選擇「離職」一途，除了難再堪受身心折磨外，也較傾向是直接避開了問題。受媒體新聞資訊所影響，通過類似事件，我們容易取得類似的行為模式。長期接受這些資訊灌輸卻又不做反思的結果，便容易形成某某問題的「正解」，也就是某某方式的觀念產生。

　　從解決問題的角度來看，直接採取所謂的「正解」並沒有正面地對付問題，也不算是真正地進入思考。舉以離職作為回應超時工作的方式來說，直接聯想到的通常便有「不用再繼續處在傷身的工作條件下」、「不必再面對苛刻的上司」、「不會再爆肝」等等的好處，然而所預想與期待的不用「再」、不必「再」與不會「再」，真的不再出現於你／妳未來的職場生涯中嗎？運氣好的話，或許吧！但筆者想說的是，每一種網路上、媒體訊息裡、報章雜誌中，甚至是從長輩或教師教誨話語中所得到的答案，都適合獨特的你／妳，用來解決你／妳所遭遇到的問題嗎？試想「不要去理會別

人的流言蜚語」的方式，就能讓你／妳在面對他人誹謗時心頭舒坦、泰然自若嗎？或是以「平心靜氣下來多想想」的方式，就能讓你／妳在遭遇到人生挫折時不垂頭喪氣、心灰意冷嗎？不容否認地，我們得感謝有這些經驗的傳承，讓我們在倉皇之間有個大方向可以參考，然而該如何往這些大方向的道路上走去，更迫切需要的是透過我們的思維方式創造出來。

一、從例子中學習思考

論述至此，或許讓人開始覺得有些迷惑。當面對問題或做選擇時，我們該採取那些由眾人經驗傳承下來的最佳方法嗎？筆者認為「該」或是「不該」根本不是重點，重點在於你／妳是否認真地思考過那個方法，是否為真正適合你／妳的方法，而不是認為依樣畫葫蘆就能得到你／妳所期待的結果。舉個晚清時期紅頂商人胡雪巖的故事來觀摩一下：

初春的某天上午，胡雪巖正在客廳裡和幾個分號的大掌櫃商談投資的事情。當談到最近的幾筆投資時，胡雪巖面色凝重。因為店裡的掌櫃們最近做了一些投資，雖然大家多少都盈利了，但是有些大掌櫃所賺取到的利潤卻很微薄。

接著胡雪巖繃著臉，開始教訓起了其中幾個在投資中獲利甚微的大掌櫃，並告誡他們下次再投資時必須先分析市場，不要貿然地投入資金。胡雪巖話語甫落，外面便有人稟告，說來個商人有急事求見。

前來拜見的商人滿臉盡是焦急之色。原來，這個商人在最近的一次生意中栽了跟頭，急需一大筆的資金來周轉。為了救急，不得已他拿出自己全部的產業，想以非常低的價格轉讓給胡雪巖。

聽完之後，掌櫃們紛紛嚷嚷著，這麼一個天大的好機會，叫胡雪巖要好好把握！胡雪巖不敢怠慢，請商人第二天再來聽消息。自己連忙吩咐手下去打聽是不是真有其事。手下很快打探消息回來，證實商人所言非虛。胡聽後，趕忙讓錢莊準備銀子。但是，因為對方需要的現銀實在太多，錢莊裡的不夠，於是，胡雪巖又從其他分號緊急調來大量的現銀。

到了第二天，胡雪巖將商人請來，不僅答應了他的請求，還按照市場價來購買對方的產業，這個數字遠高於對方轉讓所開出的價格。那個商人驚愕不已，不明白胡雪巖為什麼連到手的便宜都不佔，堅持按市場價來購買自己的那些房產和店鋪。

胡雪巖拍著對方的肩膀讓他放心，告訴商人說，自己只是暫時幫他保管這些抵押的資產，等到商人挺過這一關，可以隨時前來贖回這些房產，只需要在原價上再多付一些微薄的利息就可以了。胡雪巖的舉動讓商人感激不已，商人二話不說，簽完協議之後，對著胡雪巖深深作揖，泛著淚光離開了胡家。[1]

　　回想這個故事，先前胡雪巖不是還屬聲訓斥眾人從事投資時所要緊的事便是利潤的獲得，怎麼一轉眼他自己卻做起了虧本的生意呢？在商場上，找能「獲利」的生意來做是大方向、大原則，但該如何朝著這個目標前進，抵達的途徑卻可有無限多種。或許，胡雪巖該聽從其他人所給予的建議，當下便該答應潦倒商人開出的賤價，立刻吃下這「送到嘴邊的肥肉」。這樣一來，任誰看了都會是一筆不錯的買賣（該名商人也不會有怨懟才是）。可是，想得深遠一點，胡雪巖反而想到的是任何人都有可能遭遇雨天沒有帶傘的時候，如果當時自己賤價買入別人家幾輩子積攢下來的產業，獲利當然可觀，但是他人可能就一輩子無法翻身了。商場投資固然重視獲利，但就僅此而已了嗎？歷經了這次的投資，胡雪巖救了一家人、一個產業，也交到了朋友與更多商場上忠實的夥伴。

　　對上述的例子做出觀察，如果你／妳是商人，某天有個潦倒的商人前來求助於你／妳，你／妳又會怎麼做出決定呢？若你／妳的答案是：「跟胡雪巖所做的決定一樣。」因為你／妳認為那不僅能獲得實質的利益，也對得起自己的良心。或許這的確是個不錯的答案，似乎也朝著「商場追求獲利」這個的大方向前進。但是，結局是你／妳預想出來的，是我們知道了胡雪巖的故事後，我們主觀地認為會隨之而來的結果。你／妳能夠從如胡雪巖般的決定而「獲得實質的利益」嗎？沒有人能做出保證，除了你／妳自己。除此之外，筆者更想說的是：關於這個問題，並沒有所謂的「標準答案」。

　　舉近年來商場上的例子：「鴻夏戀」[2]。接受日本《東洋經濟》週刊訪問的鴻海集團董事長郭台銘先生，以「我被（夏普）騙了。」一句話總結從夏普公司經營不善求助於鴻海，到前會長町田勝彥、前社長片山幹雄同意讓鴻海以股票市值購入 9.9％ 的股

1　故事參考自「深度好文：誰都有雨天沒傘的時候，肯為別人打傘，才是一生最大的財富」
　　網址：http://imtopsales.com/view1/?p=30813

2　2012 年日本夏普（SHARP）公司發生經營危機，曾一度尋求鴻海協助度過難關。談判之初，鴻海宣布將以 238 億元新台幣取得夏普 10％ 股權，郭台銘先生更以個人名義，接手夏普虧損嚴重的十代線面板廠。但後來夏普卻引進三星與高通兩股東投資，只將其十代線面板廠堺工廠近四成股權讓給郭台銘。2015 年間，又因郭台銘先生一句：「夏普來找我談吧！」，讓原本告吹的合作關係再度傳出死灰復燃的可能性。不過另有消息指出，夏普已無意與鴻海再續前緣，並由夏普高橋興三社長證實，沒打算找鴻海協商入股的事宜。

權後，卻又事後推翻而不認帳等等的經過。不過，郭台銘先生還是道出：「現在夏普開口要求我幫忙，我還是會幫。」的伏筆。時至今日，鴻夏戀依舊苦無結果（甚至幾近破局），但郭董仍透露出不忍見到夏普潦倒的感嘆。不同於胡雪巖的決定，鴻海並不願意直接以協議當時的市值，550 日圓（2012.3.21 ～ 27 到日本與夏普高層談入股期間）的高價入股夏普，迫於對方的要求下，鴻海又自評在短短一週內便要簽資本合作協議，時間緊迫的情況下，並無法立即且有效地做出投資風險評估，故在協議中加註了日後要做風險評估的條件。但所有協議在前會長退居顧問職、前社長改當會長，並由奧田隆司升任社長等人事大搬風後，一切歸零。

　　儘管入股夏普一事無疾而終，但當時這個知名產業最初迫切找人投資，以求切割賠錢的堺市十代線面板廠 SDP（造成夏普虧損的罪魁禍首），在郭台銘以個人名義投資並參與經營後，旋即在一年左右轉虧為盈，並於 2014 年持續獲利，營業利益率遠高於中、韓、日等面板大廠。身為大股東的郭台銘先生，更將自身可獲得的股東紅利，全數發放給同仁，激勵了日本員工的士氣，並用實際的行動破除當時被說成是「一個要吞併日本公司、竊取技術與欺騙夏普的台灣人」這樣的謠言。

　　鴻夏戀的案例有著較以往商業活動更為複雜的國情、企業文化與領導人風格等差異需要磨合，不論最終是否成案，也無損於那是郭台銘先生所做出的一筆好投資。不同於胡雪巖所做出的決定，鴻海並不以夏普協議當時的市價購入股權，但相同的部分仍是他們都讓自身產業朝著「商場追求獲利」的大方向前進。透過仔細思考自身所面對到的情況，他們各自選擇出了合適的方法。在後續的篇章中，將會針對職場上可能遭遇的各種難題進行分析，並盡量提出從各方觀點所總結出的合適解決方案。

▲鴻夏戀最終於 2016 年修成正果

鴻夏戀事件簿

資料來源：鴻海公司、聯合新聞網
圖片來源：經建會提供、
摘自news.livedoor.com
、報系資料照
製表：嚴珮華
■聯合晚報

2012/3/27
鴻海與夏普簽訂資本合作協議。鴻海集團擬投資669.05億日圓，取得夏普9.9%股份權利，當時夏普市價為每股550日圓，郭台銘個人取得SDP十代線約5成股權。

郭：「含SDP面板事業，不准讓三星加入」，但契約無法明載，於是口頭約定。協議中加註日後做投資風險評估條件。

2014/6/17
日本「週刊東洋經濟」刊出郭專訪，首次揭露與夏普協商的祕辛。

郭：「我被夏普騙了」、「町田說可以100%市價購買，我有錄音，如果我說的不對，歡迎來告。」郭指出町田勝彥、片山幹雄同意鴻海以股價市值購入9.9%股權不認帳。「不誠實是夏普。」

夏普前社長
奧田隆司

夏普前社長
町田勝彥

夏普前會長
片山幹雄

鴻海董事長
郭台銘

2012/8/3
鴻海公告，已與夏普達成共識，鴻海無需依3/27認股條件執行認股，雙方將重新議價。但夏普發言人隨之否認。

2013/3/27
鴻海：根據2012年3月26日簽訂的合約，雙方有效期間為3年，即2015年3月26日到期。鴻海將以協議實價的方式，履行承諾9.9%的投資。目標在3個月內完成投資。

2012/8/30
郭隨蕭萬長赴日訪問，預定下午召開鴻夏共同聲明記者會，但當日下午郭缺席。鴻夏關係降至冰點。

● 事件
● 重要內容與談話

2013/3/6
韓三星宣布以104億日圓(約1.12億美元)取得夏普3%股權。

2012/12/4
美高通宣布投資夏普99億日圓，取得5%股權。

二、克服思考的障礙

再回到思考這件事上，透過前述故事與實例的介紹，表明了要找出真正適合自己的方法，非得依靠自己徹底去實踐思考這件事不可！沒有人能真正地教導你／妳如何去進行思考，因為能做的、說的都只能是行為者、說話者從自身為出發點，經由思考所創造出來的。透過故事與實例所學習到的應該是「更深刻的思考與反省」，而不是純粹的「模仿」。

儘管「如何思考」無法教導，不過，要如何提升思考的能力卻有一些自我訓練的方法，其中最重要的是：克服思考的障礙。在現今的時代，資訊傳輸快速與取得容易的情況下，接受到資訊後便傾向於迅速做出判斷、回應，或隨著得來資訊中煽動性的字眼與自身對某事物固有的看法及情緒，都是阻礙我們思考能力無法進步的因素。新聞上曾有這麼一則報導，一位在下班尖峰時段值勤的交通員警，突然被一台左轉行駛的休旅車撞飛。影片上傳到網路後，網友紛紛留言指稱駕駛肇事逃逸。然而，這件事就這麼「定案」了嗎？其實並沒有。事後證明駕駛不但沒有肇事逃逸，還為了避免阻礙交通，將車輛停靠至路邊停車處後，旋即返回現場探問員警傷勢，並表示願意負擔所有醫療費用，雙方在當場即達成了和解。藉此例子，筆者想說明的是，阻礙我們思考能力提升的一大障礙便是「**輕率推理與判斷**」。記得有一個節目用了胡適先生的名言當口號：「有幾分證據，說幾分話」，許多政治人物在言談中也喜歡加上這麼一句。但實際上，我們自己在進行思考與做出決定或判斷時，所作所為卻反而是該句名言的反例。我們習慣在得到某個答案後，便希望自己所得到的就是標準答案，所以就傾向於認為選擇跟隨多數人的看法會比較「安全」與「正確」。然而，這種思考習慣豢養久了，我們便很難有「獨立思考」的可能性。舉例來說，在《戰爭遊戲》[3]（Ender's Game）影片中的主人翁安德・威金（Ender Wiggin），與一同接受訓練的同伴觀看著上一世代打敗蟲族且才華橫溢的指揮官梅哲・瑞肯（Mazer Rackham）的戰鬥影片。當蟲族航空母艦爆炸時的那刻，同伴們紛紛都驚嘆於這位英雄的英勇事蹟，唯獨安德卻滿腹疑惑。他所疑惑的是，影片總是停止在爆炸發生的一刻，卻不再有後續的畫面。這個疑惑直到梅哲成為他的教官時才得到解答。

　　從所得到的資訊中斷章取義，即是輕率推理與判斷時常製造出的產物，我們應該讓自己「減產」，甚至是「停產」。如前述所提到的「肇事逃逸」影片，僅僅 5 秒的影片證實了的確有「肇事」這件事的發生，但看不到其所隱含的卻是更多的可能性。如果你／妳得到的結論是「休旅車的駕駛肇事逃逸」，那麼以下便試著挑戰一下你／妳的推論。

3　一部於 2013 年 11 月上映的美國科幻電影，根據同名小說改編，由蓋文・胡德（Gavin Hood）所執導。內容敘述在 22 世紀的未來世界，人類面臨外星蟲族大舉入侵的故事。雖然在兩次接觸的戰爭中人類擊退了外星生物，但人類的主力艦隊卻也因此而損失殆盡。為了迎接即將到來的第三次戰爭，軍方高層招募來自各方的天才兒童並加以訓練，意圖培養成艦隊指揮官來迎戰強敵，而安德・威金便是被國際艦隊司令視為將會結束戰爭的關鍵。經歷了一連串的訓練之後，安德也漸漸按照計畫成為了軍方高層所期望的領袖。只不過在此成長與蛻變的過程中，他瞭解到人類與蟲族的命運皆操縱在他手中，也開始注意到在戰爭中的道德以及殺戮正當性與否的問題。

證據：有一台休旅車撞了人（值勤員警），並駛離出了行車記錄器的鏡頭之外。

結論 A：休旅車的駕駛肇事逃逸。

那麼，相較於下面這個論證：

證據：有一台休旅車撞了人（值勤員警），並駛離出了行車記錄器的鏡頭之外。

結論 B：休旅車的駕駛並沒有肇事逃逸。

如果你／妳質疑得出結論 B 的論證，並認為「沒有充分的理由（或證據）」做出如此的推理。那麼得出結論 A 的論證，我們一樣沒有充分的理由做出那樣的推論。在謹慎思考下，我們會發現以上的二個推論都是不堪一擊的[4]。我們之所以傾向於做出結論 A 的推理，可能是因為長期以來，媒體經常不斷地在新聞畫面上播送諸多汽車駕駛人肇事逃逸的畫面，彷彿洗腦一般，「汽車駕駛人等於肇事逃逸者」的思維便悄悄地進入了許多人的腦袋，在進行推理與判斷時，成為了導致輕率推理，甚至是錯誤推理時所採取的隱形根據。

職場中也不乏有類似的輕率推理方式，例如：為了加快供貨速度，大量進貨不僅可以達成此目的，也可大幅降低採購成本。可是，若這種想法是在「供不應求」預設下所推理出來的，一般情況便有可能得承擔商品囤積所帶來的風險。也就是說，儘管在帳面上採購成本的確是降低了，但是商品囤積所造成的庫存成本增加，卻可能嚴重地侵蝕公司的獲利。實際的例子亦有國內某知名電腦大廠，在智慧型手機與平板電腦推出之際，卻仍看好 PC 與 NB 市場，甚至期待並重壓在搭配微軟新一代作業系統的電腦上[5]，而輕忽多元商品的佈局，因而導致了公司出現大幅虧損與營運衰退。思考能力的提升，必須做到「見樹也見林」的全面性思考，經常檢視與挑戰，甚至嘗試推翻自我所做出的推理，如此鍛鍊下來，方能避免許多造成錯誤判斷的輕率推理。

4　如果在推論的證據中，我們另有如「所有車輛撞擊人員後的駛離行為都是『肇事逃逸』」此證據，那麼我們便有充分的理由對「車輛駕駛肇事逃逸」此一結論做出說明。然而，在證據缺乏的情況下，我們得不出結論 A。同樣地，我們也沒有充分的理由得出結論 B。

5　曾是全球第 2 大 PC 品牌、年營收超過 6000 億元的公司，隨著平板電腦和智慧型手機崛起並分食市場，讓該公司意圖藉由 PC 與 NB「衝量」的策略失靈。一位長期觀察 PC 產業的歐系外資分析師指出，該公司跟著微軟加英特爾（Wintel）的腳步重壓在 Ultrabook、Windows 8 以及觸控筆電，結果卻沒有一項能夠帶動成長，反倒錯失了 Android 平板與手機的爆發機會。

另有一種阻礙我們思考能力提升的障礙便是來自於自身的情緒反應。像國內藍綠政治立場壁壘分明，常常聽到彼此互相指謫對方的意見不過只是「逢 XX 必反」的批評，其針砭出來的問題即是「**情緒障礙**」。提個老生常談的事，這個世界上不是只有你／妳一個人存在，還有著與你／妳看法不同、想法迥異與性格差異的其他個體存在。而那些與你／妳有著互動關係（交好或交惡）的個體，卻經常讓我們的推論走上錯誤的歧途。在《三國演義》故事中，「孔明揮淚斬馬謖」[6] 就是這麼樣的一個例子。馬謖的才華橫溢深得孔明的賞識與信任，對軍事頗有一套卓越見解，如孔明南征孟獲時，便獻出「攻心為上，攻城為下；心戰為上，兵將為下」的戰略方針，孔明採用並具體遂行此方針，使得南中在蜀國滅亡前未再有大型戰事。或許正是因為這般如同師徒、朋友的友好關係，讓孔明在出祁山伐魏時，獨排眾議拔擢馬謖為主帥，卻因「馬謖拒諫失街亭」而導致了鎩羽而歸的後果。然而，歷史上也不乏有克服情緒障礙的好例子。春秋戰國時期有個名叫祁奚[7]的晉國大夫，在他年邁要求退休時，晉悼公就請他推薦接替他的人選。祁奚說：「解狐是個有才能的人，他最適合接我的位子。」晉悼公不解便問：「解狐不是你的仇人嗎？為甚麼你還要推薦他呢？」祁奚回答說：「您只問我誰能夠勝任，並沒有問誰是我的仇人，所以我只推薦能勝任的人。」另一個好例子則是唐太宗與魏徵[8]的關係。二人雖不至於到仇人的關係，但魏徵的直言諫諍卻總是讓太宗掛著不太好看的龍顏。《新唐書‧魏徵傳》稱他：「有志膽，每犯顏進諫，雖逢帝甚怒，神色不徙，而天子亦為霽威。」太宗要求自己是個賢君，也要求下屬成為賢臣，不因賢臣諫言自己所引發的怒氣而廢其言，而共同成就了「貞觀之治」。

回到情緒障礙阻礙我們思考能力提升的這件事上，我們可以經常試著檢視自己對於某些事物的看法，情況是否已經先有了結論，然後再找出理由來支持這個結論呢？如果是，便反問自己所得出的結論是從何（什麼樣的根據）而來的呢？相信答案很快就昭然若揭了。在生活與職場中，我們必須面對無數形形色色的人們，有的人特別與你

6　三國時代蜀國將領馬謖（讀音「訴」），字幼常，荊州襄陽人，侍中馬良（字季常）之弟。初以荊州從事跟隨劉備取蜀入川，曾任綿竹、成都令、越巂太守。馬謖少時素有才名，和兄長們並稱為「馬氏五常」。《三國志》書中多次提到，馬謖的軍事才能深受諸葛亮的信任。

7　春秋時期晉國大夫。西元前 570 年，任中軍尉一職的祁奚向晉悼公告老，舉薦和自己有私怨的解狐。解狐死後，祁奚又推薦自己的兒子祁午。孔子與司馬遷的《史記》均給予其「內舉不避親，外舉不避仇」的稱讚。

8　魏徵，字玄成，唐代巨鹿人。曾任諫議大夫、左光祿大夫，封鄭國公，諡文貞，以直諫敢言著稱，是歷史上最負盛名的諫臣。其言論多見於《貞觀政要》，而其著作中最著名並流傳下來的諫文表則為〈諫太宗十思疏〉。

／妳契合，有的就是讓你／妳難以與之平和相處，如何適當地做出應對，訴諸情緒看來不會是個好辦法！

　　林書豪（Jeremy Lin）在 2012 年期間，帶領紐約尼克隊拿下七連勝的輝煌戰果，令全美國掀起一股「林來瘋」（Linsanity）熱潮[9]。如果你／妳也曾注意過這個消息，便試著去瞭解一下林書豪是如何應對美國 NBA 職業籃球（甚至是整個國家）這個有著「深沉種族歧視問題」的職場。毫不諱言地，林書豪自己表示在打球時，便會聽到一些歧視的話語，有些來自於球員，有些則來自看球觀眾。說不生氣是不可能的，但林書豪所做出的選擇是「不反擊」。這是儒弱的表現嗎？他高中與大學時期的一位助理教練布雷克尼（Kenny Blakeney，非裔美國人），以自身經歷教導他如何面對：「把這種情緒轉變成動力，而不是變成憤怒。」一個球員的義務就是把球打好，對於觀眾的冷言冷語，你無法找他出來對質或單挑，對於來自場上的嘲諷，反擊只會惹上麻煩或被踢出比賽。所以，用自己的表現來讓那些不理性的行為自動禁止，或許不見得贏來掌聲，但至少獲得尊重。情緒容易讓我們成為一輛失控馬車的駕駛，駛向更加險惡的處境，但掌控馬匹韁繩的是你／妳的雙手，就多嘗試從前述的例子中學習的技巧來穩住車身吧！

　　面對職場問題，從進入思考到做出判斷與選擇，並不像是單一製程的產線，有什麼樣的 Input，就可期待有什麼樣的 Output 出現。每個人「如何思考？」的流程該怎樣打造與建立，沒有特定的標準範本與教材。但以歷史以及生活中諸多故事為師，努力克服「輕率推理」與「情緒障礙」等有害於我們思考能力提升的阻礙，將有助於我們創造出合適於自己的方式並圓融地解決問題。

9　部分內容參考自「引戰種族歧視，林書豪一路忍過來！」
　　網址 http://www.ettoday.net/news/20120217/25715.htm#ixzz3cLFtBIPI

第三章
兩難問題

　　生活中我們常有左右為難的時候，例如：學校安排的通識必修課程在所謂的「早八」時段，上課的老師又極其嚴格，可是前一晚的熬夜實在讓身體疲累不堪，讓我們在「舒適的被窩」與「參與晨間的課堂」之間的選擇掙扎不已！或許，這實在稱不上什麼抉擇的困境，因為更艱難的兩難抉擇常挑戰著我們的道德判斷尺標。例如美國的教育心理學家勞倫斯‧柯爾伯格（Lawrence Kohlberg）就曾提過這麼一個道德兩難情境，故事的概述內容如下：

　　海因茲偷藥：歐洲某個城鎮有名婦人罹患了癌症，生命垂危。醫生認為只有一種藥能夠救她，就是同城一名藥劑師最近所發明的藥。然而，製造出這種藥需要花很多的錢，故藥劑師開出了高於成本十倍的價格。雖然藥劑師花了十萬元製造出新藥，卻索價一百萬元才肯將藥賣出。為了救治摯愛的伴侶，病婦的丈夫海因茲於是四處向熟人借錢，但到處奔波的結果也才籌得只夠支付一半藥費的金額。因為妻子快要死了，海因茲不得已懇求藥劑師能將藥便宜一點賣給他，或者能允許他賒欠。但藥劑師直白地說：「不成，我發明此藥的目的就是為了賺錢。」在走投無路的情況下，某晚海因茲撬開商店的門，為妻子偷來了藥。[1]

　　將時間倒轉一下到海因茲走投無路的時刻，由於現實條件的催迫（如：已經借貸不到更多的錢、藥劑師堅決不肯降價，以及妻子的病情危在旦夕等等），讓他處在面對「偷藥救治妻子」與「不偷藥，等待與妻訣別」的兩難問題，卻又必須做出抉擇的困境。如果你／妳是海因茲，你／妳會冒著

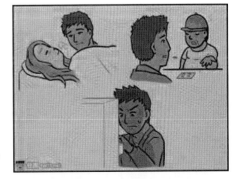

1　參見 Kohlberg, Lawrence（1981）. *Essays on Moral Development, Vol. I: The Philosophy of Moral Development*. San Francisco, CA: Harper & Row.

被逮捕入獄的風險而做出與他一樣的行為嗎？還是你／妳雖然難過悲傷，卻仍恪遵著做一個好公民守法的本分呢？面對兩難問題，最重要的並不是你／妳選擇了用什麼方式來回應所遭遇的困境？而是在做出選擇的那個時刻，你／妳所根據的理由會是什麼。

一、倫理思想實驗

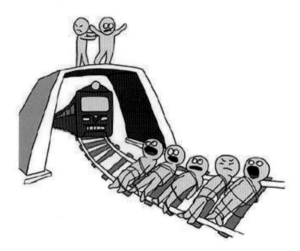

在倫理學的思想實驗中，「電車問題」（Trolley problem）是一個眾所周知的兩難問題，此難題最早由英國哲學家菲利帕・福特（Philippa Foot）在 1967 年所提出。之後，又有彼得・昂格爾（Peter Unger）、法蘭西斯・凱姆（Frances Kamm）等哲學家重新提出這個問題，讓此問題除了在哲學與倫理學領域為人熟知外，也引起心理學、認知科學與神經倫理學（Neuroethics）等研究領域學者的興趣。電車問題的內容大致如下述：

假設你是電車的駕駛，但你所操控的電車煞車失靈了，並以超過時速 65 英里的速度不斷地加速前進。就在電車前進方向的不遠處，你看到了有五名鐵路工人在軌道上專心地工作，同時你也瞥見另有 1 名鐵路工人在軌道的支線上，若任憑電車繼續前進，那 5 名工人將難逃被輾斃的遭遇。

如果你及時將電車轉向只有 1 名鐵路工人的軌道上，原來可能被撞死的 5 名工人便可以免去死劫，但是在支線上工作的工人卻難逃被撞死。身為電車駕駛的你，當面對到這個緊急的情況，你將會如何做出抉擇？[2]

2　本問題敘述參考自 Michael Sandel 教授在哈佛講堂（正義：一場思辨之旅 第一講）所陳述，網址：https://www.youtube.com/watch?v=sHHa4ETr2jE。亦可參見邁可・桑德爾（Michael Sandel）著；樂為良譯，《正義：一場思辨之旅（Justice: What's the Right Thing to Do?）》。台北市：雅言文化，2011 年，頁 28-31。

在面對這個例子時，多數人都選擇了「轉變電車的行駛方向」，以求最少性命的犧牲。因為「以一個人的犧牲，而能拯救五個人的生命」為理由，所做出的行為就會是正確的。然而，這個理由真的是顛撲不破的嗎？讓我們試著看看下面這個改編的例子：

同上述的情景，你站在電車行經的天橋上，你發現電車失控並即將撞上在軌道上施工的五名工人。此時，站在你身邊的一個陌生人，體型很胖，且重到足以讓電車出軌。面對到這個緊急的情況，你又會如何做出抉擇（你該推這個胖子一把，以他的犧牲來拯救五條人命嗎）？[3]

相信對此問題的回應將如同邁可 · 桑德爾（Michael Sandel）教授在哈佛講堂所做的現場民調一樣，原先舉手支持讓電車轉向的同學，頓時感到了猶豫，而不似在回答第一種情境難題般能明確地舉起手來。為什麼呢？哪裡出了問題？同樣出現的是「在一個人的性命與五個人的性命之間做出選擇」的場景，為何在上一個情境中憑藉著「以一換五」的理由被認為是可行的（應該那麼做），而轉移到了改編的情境中，我們繼續倚賴那個理由的信心卻動搖了（當然，不排除有些人仍是堅定不移地採取相同的理由，而不加思索地選擇將胖子推下天橋）。舉個類似的例子或許就能幫助我們更加明瞭「以一換五」此理由的錯誤何在。伯納德 · 威廉士（Bernard Williams）曾提出過這麼一個「槍決印地安人」的例子：

一個植物學家，有天到了一個獨裁的國家中做研究。當地獨裁者逮捕了 20 名無辜的印地安人，以涉嫌叛亂為罪名全部判處死刑。但是這個獨裁者向植物學家提出了一個建議，以尊敬他為客人為由，如果他親手槍決了其中 1 名印地安人，其他 19 名印地安人就可以因此被釋放。這個植物學家是否應該親自槍決 1 人，以拯救其餘的 19 人，還是選擇拒絕動手，坐視這 20 個人都被槍決？[4]

近年來在許多警匪電影作品中，經常可見到類似的情節，如蝙蝠俠系列電影中，劇中小丑為了製造恐慌，在一艘載滿罪犯與一艘載運平民的船上裝上炸彈，並以「殺死另一艘船上的人」作為活命的方式，將罪犯的性命與一群無辜平民的性命放在天平上衡量。然而，問題的核心是「誰」或是「什麼樣身分」的性命比較具有價值嗎？帶著這個疑惑讓我們回到「槍決印地安人」與改編「電車問題」的例子，數量多的性命

3　同註 2。

4　參見 Smart, J.J.C. & Williams, Bernard (1973), *Utilitarianism: For and Against*, Cambridge University Press, 頁 98。

（19 名無辜印地安人與五名鐵道工人）比起數量少的性命（要被槍決的印地安人與天橋上的胖子）要來得有價值嗎？如果你／妳的答案是肯定的，那麼「以一換五（多）」確實是個好理由。但這樣的理由所串連的行為能夠一直合理下去，並成為我們行為的準則嗎？在後續關於道德理論的篇章中（見本書第六章〈義務論〉）將會對此議題做出探討。如果你／妳對此問題的回答是猶疑的或者是否定的，那麼凸顯了「以一換五（多）」此理由作為我們決定的根據是可動搖的。道德兩難問題是一道道沒有標準答案的選擇題，而不是非此即彼的是非題。「你／妳的選擇將是什麼？」固然重要（至少那必然會影響結果），但其他重要的事項亦有：「你／妳是否曾謹慎地思考與審視過你／妳所依循的理據會是什麼？」而那「與你／妳所做出的決定之間，所形成的關聯又會是怎麼樣的一種行為模式？」

二、實際職場中的兩難

　　或許你／妳認為思想實驗的例子讓人頗為困惑，那就讓我們回歸現實生活的實例，來看一看中央銀行總裁彭淮南先生的匯率政策。匯率與我們生活當中消費行為所使用的新台幣有關，它有「升值」與「貶值」二種動態。如你我的消費者都希望台幣是升值的，如此一來我們便可以用較少的價格購買進口的商品。若在他國貨幣政策傾向於貶值的情況下，如鄰近的日本近年來推行貨幣寬鬆政策並大量印製日圓，在 2015 年 6 月期間新台幣與日圓兌換比例來到了 1：4，國人紛紛擠兌日圓，增加了赴日旅遊與購物的意願。相對地，國內賺取外幣的產業與出口廠商就期待台幣是貶值的，他們才能在與其他國家同業的經濟競爭中取得優勢，也能獲取更多的利潤。對於新台幣匯率的波動控制，是彭淮南先生在職場中所遭遇的兩難問題。出口商企盼新台幣貶值，以增加企業的收益，而進口商以及國內為數眾多的消費者則期盼新台幣升值，能以較少的新台幣購入進口商品。對此難題，彭總裁過去曾提出過「柳樹理論」[5]，而近來則有「逆風操作」[6]（leaning against the wind）方式，分別應對不同時期資金潮與國際貨幣波動對台灣貨幣所帶來的衝擊。央行總裁不可能只為了出口經濟數據好看，而罔顧國內物

5　在美國採取二次量化寬鬆（QE2）貨幣政策拯救國內經濟惡化的情況下，國際資金紛紛流湧向亞洲市場，推升新台幣匯率不斷升值。面對龐大的資金流入台灣，彭淮南先生提出「具有彈性的匯率（擴大每日匯率波動幅度），正如柔軟的柳樹，於颱風來臨時不會折斷」的理論，此即被稱之為「柳樹理論」的匯率政策。

6　「逆風操作」為中央銀行外匯政策的基調，方式為在必要時維持市場合理秩序。新台幣的匯率波動原則上是由外匯市場的供需所決定，若遇到不規則因素，如短期資金大量進出（如美日等國與歐洲央行的 QE 政策導致熱錢大量流竄找投資標的）及季節性因素（如企業結帳、繳稅截止日，企業的海外分公司便會將獲利匯回國內，以挹注國內企業所產生的虧損，而讓帳面好看些），因而導致匯率過度波動與失序變動，而有不利於經濟與金融穩定之虞時，央行的職責就是維持外匯市場秩序，降低新台幣匯率波動幅度，這就是逆風操作。

價的漲升，造成基層民眾日常生活的嚴重影響。手握台幣匯率的兩面刃，到底是要以穩定民生物價爲重，抑或是力拼出口競爭力爲主？面對這樣的兩難問題一樣是沒有正確的解答，然執事者所秉持的行事理由與方式是否能經得起諸多的考驗，這才是我們所該檢視與深刻反思的事。

2015 年 NBA 總冠軍賽，金州勇士隊總教練史帝夫 · 柯爾（Steve Kerr）「賽前說謊」一事被拿出來放大檢視。由於勇士隊戰績處於 1：2 落後的情況下，柯爾教練在正選先發陣容進行了調整，使用 1 大 4 小陣，最終收到奇效而將戰績扳平。當時他知道賽前、賽後都將有新聞發佈會，故很有可能被追問到有關佈陣的問題，讓他在選擇說「實話」與「謊話」之間左右爲難。他想到如果他選擇實話實說，那麼對手克里夫蘭騎士隊的總教練大衛 · 布列特（David Blatt）就可能會立刻選擇變更陣容來因應。

考量到追求 NBA 總冠軍此目標，柯爾決定向訪問他的媒體說謊，但是在賽後他亦一一進行道歉。在此例中選擇對媒體隱藏戰略的「說謊」方式來爭取比賽的勝利，比起前些年來出現於職業運動競賽中，運動選手以施打或服用禁藥等「作弊」方式，以及比賽中作假（職棒簽賭）或演戲（假摔）等「欺騙」方式來操弄比賽勝負，雖然有些許道德上的質疑，但是網友留言多半仍是給予柯爾教練正面評價，並冠以「兵不厭詐」的美名。或許柯爾教練對於康德倫理學也有所認識，儘管他在兩難的抉擇中選擇了說謊，而那行爲也帶來了他想追求的勝利，但是基於對道德的愧疚，他還是對於他所做出的公開說謊行爲致歉。

試著讓想像力發揮一下，如果柯爾教練在「公開說謊，而又未能取得勝利」的情況下，我們又會如何看待此次的事件呢？（這不禁讓人想起在國際賽事上中華隊選手常吃的悶虧。如：1997 年韓國釜山東亞運，中華男籃隊以 1 分領先，韓國選手終場前 2 秒鐘取得罰球機會，主辦單位南韓的工作人員竟耍小手段而將時間多調了幾秒，意圖讓南韓隊有充裕時間發動最後一擊。所幸在中華隊的抗議下將時間調回，南韓隊因時間不足，反撲無功而宣告敗北）或許這樣能讓我們能更專注地回到「方法」、「手段」與「理由」之間如何進行關連的檢視。也就是，值得我們深思的問題是：爲了達成目的（NBA 的總冠軍），是否任何的手段（公開地撒謊）都是可以採取的呢？若你／妳也深思至此而有所疑慮，那能否創造出無愧於道德的方案來回應諸如此類的兩難問題呢？這端賴於我們思考的勤奮及努力。

三、面對道德兩難問題

在解決問題的抉擇中常是挾帶著實際環境中的限制（包含著人事時地物等元素）與行爲者個人所重視價值間的衝突，而道德的兩難問題更常是讓行爲者處在兩個或多

個以上重要道德原則之間對抗的困窘處境，也就是說，爲了要抉擇出解決道德兩難問題的行爲，不可避免地，我們將可能違背一些重要的道德原則。湯姆 • 貝參（Tom L. Beauchamp）與詹姆士 • 查爾德斯（James F. Childress）提供了一套他們透過多年來實踐經驗而整理得出的決策程序，通過幾個重要的步驟，藉此降低抉擇時的任意性，與減少隨之而來的負面衝擊。該程序的內容如下：

1. 提出依於凌駕的（overriding）規範而行動，比起依於被違反的規範而行動有著更好的理由。（舉例來說，如果某些人具有某種權利，那麼普遍來說，他們的利益相較於那些不具有對等權利人們的利益是佔有獨特位置的）

2. 證成違反道德原則時所提出的道德目標具有可眞實實現的可能性。

3. 此一違反原則之行爲是必須的，並沒有道德上可行的選項可用來替代它。

4. 此一違反原則的行動，必須與行動所要達成的目標是相容的，而且是最少可能的違反。

5. 行爲者必須將此違反所帶來的負面結果減至最小。

6. 行爲者的行動必須對所有涉及的面向都是公正無私的，也就是說，行爲者做出的決定必須是不受到任何一方非道德因素所影響的[7]。

　　舉個實際發生的例子來說明。台北市立動物園發生了孟加拉虎「大頭」脫逃事件，因爲維修水池的廠商未確實將安全門關好，以致於讓大頭離開其活動區域，跑到了距離遊客只剩下一道鐵圍籬防線，離遊園列車也只有 200 公尺處。園方人員第一時間的處置是對遊客廣播遊園列車暫時停駛，而未告知老虎脫逃一事。針對此事件，我們將焦點放在「園方工作人員對於遊客的回應」上。危急情況的當下，園方面臨了要在「對遊客說實話」或者「隱瞞遊客實情」之間做出選擇，這牽涉到了對遊客充分告知相關資訊，並由遊客自行做出決定的「尊重自主原則」，以及減少任何不當的、受傷害風險的「不傷害原則」之間的相互衝突。園方最後爲了避免過度驚擾遊客，現場只廣播列車暫時停駛，隻字未提老虎逃脫情事。

　　試著讓我們以上述所提到的決策程序，來分析與思考行爲者（動物園方人員）是否有理性的依據能支持他們在面對道德兩難問題時所做出的決定。

7　參見 Tom L. Beauchamp & James F. Childress (2001), *Principles of Biomedical Ethics*, Oxford: Oxford University Press, 頁 19-20。

1. 園方人員採取了依循「不傷害原則」（凌駕於「尊重自主原則」），意圖將傷害降至最低（避免遊客因為出於過度驚慌，而產生不必要的推擠、焦躁或喧鬧等不理性行為）。園方認為比起違反該原則，或進而採取「尊重自主原則」而實話實說，依循「不傷害原則」所做出的決定可能帶來的預期結果是較好的。

2. 多數人並沒有直接面對野生動物的經驗（連同此次某部分動物園方人員也不知所措），故而違反對遊客之「尊重自主原則」，不將老虎脫逃一事告知遊客，的確能避免多餘的恐慌情緒，甚至於能減少不必要的騷動。

3. 面對此危急情況，「對遊客說實話」與「隱瞞遊客實情」是園方在急迫情況下所能得出的二個選項。由於遊客中多半為家長帶著小孩，雖然園方未對老虎脫逃一事據實以告，違反了對遊客之「尊重自主原則」（遊客無法自行決定要繼續留在園區，抑或離開園區），但是在安全的考量下，此違反「尊重自主原則」的方案是必須的，並沒有其他道德上可行的方案能達到相同的效果。

4. 此違反「尊重自主原則」的方案，與園方意圖達到的「避免引起遊客恐慌」的目標是一致的，且園方並未直接限制遊客的活動區域，只在各大路口派員管制，盡量避免可能發生的危險。就違反「尊重自主原則」來說，園方只違反了「充分告知相關資訊」此項，在危急時刻發生的當下，已屬於對原則所做出之最少可能的違反。

5. 此違反「尊重自主原則」的方案，所帶來的負面結果是「遊客在不知危險存在的情況下，未能產生對應危險的方式」，這負面結果將在園方危機處理不當時擴增至最大。然而園方平時便有進行相關的模擬演練，故雖在違反「尊重自主原則」的選擇下，能將負面結果降至最低。

6. 園方所做出的抉擇並非為了避免遊客以及輿論的撻伐，才隱匿老虎脫逃一事（由危機解除後，園方發佈新聞並立刻致歉即可一窺），合乎園方所說「避免引起遊客恐慌」的初衷，其所考量的面向可謂是公正無私的，而非僅依據維護園方自身的利益作為理由。

通過以上的思考與分析程序，可使我們推敲與還原行為者所依循的理據為何，即便這些理據對於解決道德原則間的衝突爭議，未必能獲得一個令所有人都滿意的結果，但也不致流於非理性的偏執。

貝參與查爾德斯所提供的決策程序基本上屬於道德評估層面，如筆者所提，在任何的抉擇中亦挾帶著面對實際環境時所帶來的限制。在下個篇章中，我們將看到一套包含道德評估（相容於此處的決策程序）與實際限制評估在其中的分析方式，即：**亞瑟‧安德森（A. Andersen）的情境分析法**。該分析法讓我們得以從更廣泛的面向看待兩難問題，並試圖建構未來可能發生的遭遇，以及與因應策略進行時有關的各種狀況。並藉由討論其中所可能出現的不確定性與影響層面，然後找出解決問題的關鍵與核心價值，最後做出最適當的抉擇。

現實職場中所發生的兩難問題不勝枚舉，譬如近年來衝擊台灣社會的食安風暴，如：問題油品（大統油品造假事件、頂新油品事件等）、問題添加物（毒澱粉事件、胡椒粉添加工業用碳酸鎂等）、問題產區（日本核災區食品以假產地標籤闖關）與有毒物質殘留（「英國藍」茶飲連鎖店的玫瑰花茶被檢驗出有 DDT 等多項農藥殘留）等等，在消費者心中都留下深刻的烙印，該如何在「挽回消費者的信任」與「創造企業利潤」二目標間取得平衡，企業在控制成本支出的選擇上勢必得經歷一番兩難的掙扎。諸如此類的兩難抉擇反覆地在職場中不斷出現，本書的第三部分（實踐篇）將藉由個案分析，提出「我與上司」、「我與同事」、「我與部屬」、「我與同業」、「我與合作廠商」、「我與消費者」、「我與政府」，以及「我與環境」等八類在職場中可能遭遇的兩難抉擇情境，運用情境分析法為讀者提供一些可資參考的見解與問題解決策略。

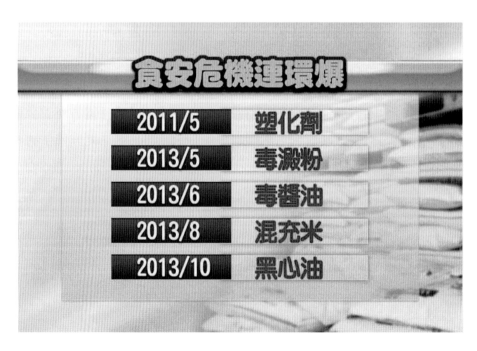

第四章
倫理情境分析

　　職場中充滿著各種不同的人事關係，人與人之間因不同的工作方法、不同的道德價值觀，產生不同的利害關係，因此在職場的各個位置上，皆可能與你的老闆、股東、主管、同事、同業、消費者等等產生各種利害衝突。有些衝突並非因你而起，你甚至不樂見這些衝突的發生，但你卻必須處理與解決這個困境。

　　例如：當經濟不景氣，企業為了求生存，必須削減開支，降低人事成本成為解決的方法之一，因此裁員似乎成了不可避免的事情。如果裁員不可避免，要解雇哪些員工，這對企業或主管而言，都將是棘手的問題。試想，公司近年來業績不佳，年年出現虧損，上層做出指令要求緊縮開支，並且大量裁員，公司高層要求每一部門主管都需要進行人事修編，裁撤部分職員。如果你是這家公司的部門主管，手中擁有公司該部門第一手的裁撤人員名單，在公司人事命令未發布前，你的部門職員身兼你的好友希望你先將解雇名單告知他，讓他心裡有所準備，因為他正背負著全家的房貸，他無法失去工作。身為主管的你，應該盡早告知你的好友嗎？

　　顯然地，部分的人可能相當直覺地說：「身為主管的我，必須公私分明，保守公司未公布之商業秘密，是我必須做的，因此我不能在未公布人事命令前提前告知我的好友。」但有少部分的人可能會說：「對人誠實，是必要的，況且他是我的好友，讓他提前做好準備，也能保障我們的友誼。」你是否發現採取這兩種說法在觀點上的差異了呢？前者認為對公司「守信」，保守公司業務祕密是必要的，後者則認為「誠實」與保存友誼是必要的。這是兩種倫理價值，到底應該將哪種倫理價值視為第一優先呢？

　　在職場中，你可能或多或少會遇到「倫理價值」衝突形成的兩難困境。而你的決定極可能影響他人或自己的利益，因此你必須先深思熟慮的進行探索與思辯，再做出一個適當的道德決策。為了避免我們在進行道德決策時亂無章法，在這裡筆者將提供一套「倫理情境分析工具」，這套工具由七個分析步驟組成。當你在職場上遇到倫理

道德的兩難困境時，則可利用這套工具審慎地思考解決方案，並且盡可能地排除衝動行事所造成的遺憾。

▲在瀕臨倒閉的農場，農夫要賣掉勞苦功高的老牛，還是其他仍有經濟價值的動物呢？

一、倫理情境分析的七個步驟

「倫理情境分析的七個步驟」由帕特里夏・威亨（Patricia Werhane）、諾曼・鮑伊（Norman Bowie）、約翰・伯特賴特（John Boatnight）、曼努埃爾・貝拉斯克斯（Manuel Velasquez）和安達信公司（Arthur Anderson）的其他人共同完成[1]。

---

1 「倫理情境分析七步驟」原採自於安達信集團（Arthur Anderson & Co.）的一個商業倫理學研究計劃（Arthur Andersen & Co.,Business Ethics Program Reference Guide, np, nd.），台灣學者引用並修訂，以此作為「專業倫理道德判斷」的方法。相關資料可參酌：詹德隆，〈專業倫理課程規劃〉，《專業倫理論文集（一）》，台北：輔仁大學出版社，1996 年，頁 139-171。蕭宏恩，〈醫事專業倫理判斷〉，《醫事倫理新論》，台北：五南圖書出版有限公司，2006 年，頁 72-79。黃鼎元等，〈評估架構〉，《科技倫理—走在鋼索上的幸福》，台北：新文京開發出版股份有限公司，2006 年，頁 78-84；黃苓蘭，〈道德判斷的方式〉，《醫學倫理教育—由理論到實踐》，台北：新文京開發出版股份有限公司，2012 年，頁 108-122。

此七步驟主要為：

1. 事實為何？（先蒐集與事件相關的客觀資料，也就是那些引起事件發生、影響事件發展的重要因素。）
2. 道德（倫理）問題何在？（思考事件中會涉及哪些倫理道德問題，以利後續評估。）
3. 有哪些利害關係人？（衡量事件中有哪些人的利益將受到影響，他們亦會影響事件的發展。）
4. 有哪些解決方案？（面對問題，我們可以提出哪些解決方案？）
5. 評估各方案的道德性？（使用倫理理論對各個解決方案進行評估。）
6. 有哪些實際的限制？（思考執行適當的解決方案時的現實限制，藉以得出適當的克服方法。）
7. 該做哪些最後的決定？（綜合各個解決方案，提出面對兩難困境的最佳解答。）

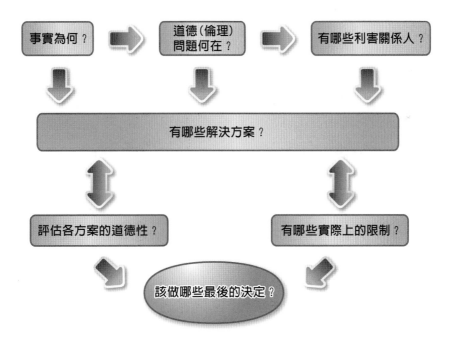

使用倫理情境分析法的好處有三：其一，協助你以理性的方式，在特定的時間、情境中周全地考量事件，並提出適宜的解決方案。第二，確保你的決定並非獨斷的、自私的，且已經考量了事件中之關係人的利益，以降低對他人造成的傷害。第三，能釐清你所面對的是一個「事實」的問題，還是一個「倫理」的問題。若是「事實」的問題，你只需要進行一些調查，以獲得客觀事實或數據即可解決，例如：為了降低公司人事

成本，需要裁撤多少百分比的員工？你可以藉由研究公司財報而找到答案。若是「倫理」的問題，如本章一開始所提到的倫理困境，你則需要審慎地考量不同的道德價值觀，利用倫理情境分析法，進行思辨而獲得道德判斷。

值得一提的是，倫理情境分析的七個步驟並不是一個絕對、嚴格的分析次序，這七個步驟可隨著你在思辨過程的需求進行前後改動或者刪減[2]。此倫理情境分析法最重要的目的在於：協助你清晰地思考你所面對的倫理困境，並且輔助你慎思熟慮提出適宜的解決方案。接下來我們將帶領你更清楚地了解每一步驟的意義與操作方法，並在後續的篇章中演練這七個步驟，讓你更易於上手。

（一）事實為何？

這裡有一個假設性的問題：適逢期中考前一週，你需準備八個科目。在此時，因他校期中考皆已結束，你的高中死黨們約你參與兩天一夜的旅行。當你告知你的父母這個情況，你也清楚表明很想和死黨們同遊，但你的父母親要求你留在家裡好好準備考試，這樣有利於你的學業成績以及未來申請獎學金。你會怎麼做呢？

在我們的成長過程中，這類事件可能以不同模式情況發生著。當父母親拒絕你參與死黨的活動時，你可能會相當生氣，認為你的父母親不了解你、不明白你與死黨們的情誼。然後，你可能會想盡辦法說服你的父母親讓你參與，或者你可能會選擇對父母撒謊，告知他們那幾天學校有活動需要你留校協助，或者你可能會向你父母表示你將去同學家溫書。一般人在遇到困境且進行決定時，很常落入感情用事或情緒影響的窠臼中，未能清楚地掌握事件整體情況，導致莽撞決定。倫理情境分析法的第一步驟「事實為何？」即是希望我們先對事件中的人、事、物相關資訊蒐集掌握，並且過濾一些不必要的資訊。請你記得，當你擁有足夠、正確的資訊，才有機會進行明晰的決定，而不受到偏見、情緒等等因素的影響而畫地自限，做出讓自己和他人傷心的決定。

2　在安達信集團的研究計劃以及詹德隆先生〈專業倫理課程規劃〉一文中所使用的情境分析步驟大致為：1. 事實如何 2. 道德問題何在？3. 有哪些解決的方案？4. 有哪些主要關係人？5. 評估各方案的道德性 6. 有哪些實際的限制？7. 該做哪些最後的決定？。在蕭宏恩，〈醫事專業倫理判斷〉、黃鼎元等，〈評估架構〉、黃苓蘭，〈道德判斷的方式〉則將分析步驟改為：1 事實為何？2. 道德問題何在？3. 有哪些主要關係人？4. 有哪些解決方案？5. 有哪些道德上的限制？6. 有哪些實際上的限制？7. 最後該做什麼決定？本文主要依照蕭、黃等三位作者之步驟，採取先將「人、事、時、地、物」釐清後再行思考解決方案之步驟。

在第一步驟中，你要進行兩件事情：

1. 蒐集相關資訊

　　充分地蒐尋資訊，將可幫助你做出較爲完善的決定。此步驟即要求你清楚蒐羅與事件相關的各項資訊，避免資訊不足而造成對事件理解錯誤。在此，你可以先問問自己：「這個情況是怎麼產生的？」、「有哪些我應該知道的歷史事實嗎？」、「有任何和目前有關，我應該知道的事實嗎？」請你先冷靜下來，詢問自己這些問題，然後依據這些問題，尋找相關答案。並且列舉出你認爲重要的資訊。在本章前述之「裁員案例」中，作爲主管的你，可以先弄清楚公司裁撤員工的辦法，了解通常在多久前須通知被裁撤的員工，或者你也需要弄清楚法規中要求雇主須於多久前告知裁撤名單，甚至你應該弄清楚被裁撤的員工有多少資遣費，及公司對於給出資遣費的意願有多高？如果可以，你甚至可以了解當地相關工作的職缺情況等等。掌握這些情況與資訊，將有助於你思考各項解決方案，且維護利害關係人的利益。

2. 釐清有意義的資訊

　　在完成資料蒐羅後，接下來你要過濾出有用的資訊。你須先分辨事件中哪些是重要的資訊，哪些是無關緊要的，否則你在做決定時將容易受到無關緊要的資訊影響，忽略眞正需要解決的問題。而哪些是需要排除於考量之外的資訊呢？過多的假設性問題與過多的主觀性評價是須先被排除的，因爲「假設」往往出自主觀的猜測與推斷，並非客觀事實本身。例如：作爲主管的你，無須假定或推論被解職的員工無法承受被解雇的壓力，甚至推斷他可能走上絕路。雖然你試圖思考的假設有其可能性，但若你持續關注這些假設性的問題，這將導致作爲主管的你無法進行決定。對你而言，最重要的事情是蒐羅「客觀且有用的資訊」，而非你自己「腦補」出來的其他可能。此外，拋下各種主觀的情緒，因爲這會使得你看不清楚眞相。例如：當你在思考要不要告知你的員工這項公司的人事命令時，你可能會對他目前的經濟狀況產生擔憂與同情，而這些擔憂與同情的情緒將會影響你的判斷。雖然，員工的性格、家庭經濟狀況等等因素，也是作爲主管所需蒐集與考量的資訊，但請記得在第一步驟中，「客觀事實」才是你急需掌握的，而非你對事實的假設、推論，甚至是評價。

（二） 道德（倫理）問題何在？

當你弄清楚事實之後，你必須開始釐清事實中哪些是攸關倫理道德的問題，這個步驟將協助你看清楚你所面對的「倫理困境」是什麼。一般而言，人在面對倫理困境時，都會有下意識的反應，我們通常會問自己：「我是否應該這樣做？」，請不要忽略這個「直覺」的聲音，這可能是道德問題的所在。但也切勿停留在這個「直覺」中，你應該試圖擴大思考其他層面的道德問題。對一般人而言，過去的生活經驗與教育，形塑了個人的道德價值觀，我們很容易由此進行道德判斷。但這是危險的，因為極有可能忽略了不同道德價值觀之間的衝突。例如：在「裁員案例」中，你可能認為遵守公司的要求是唯一的倫理道德規範，因此你堅決地認為你「應該」保守秘密。但這時，你也可以試圖想想員工的情境，想想你也「應該」對你的員工誠實。

那什麼是一個「倫理道德」問題呢？從一個規範式的職場倫理角度而言，乃我們對職場中的各種行為進行哲學式的分析與批判，並由此提出一些理性的道德標準，以此作為職場行為的理性規範。因此，規範式的職場倫理不斷地提問：「我們應該在職場中執行這個行為嗎？」、「我們是否應該這麼做呢？」，所以道德問題通常會呈現為「X 是否應該做 Y 這件事情？」，例如：「我是否應該私下告知我的好友公司目前的人事命令呢？」、「公司主管是否只需要執行公司命令，無須考量職員離職後面對的困境呢？」。

通常，我們習慣思考到第一個倫理道德議題時，即停止相關思考。請你延長思考戰線，盡可能從不同層面思考道德問題，你可以從個人、組織，甚至是社會、法律層面思考「X 是否應該做 Y 這件事情呢？」。當你深入思考道德問題，你將更有能力提出解決方案，或者更清楚你所面對的倫理困境，你或許也可以將這個困境與有經驗的人討論，他們將可能提出你從未思考過的層面。

（三） 有哪些利害關係人？

一個倫理情境的發生通常涉及到某些人的利益，也可能傷害到事件中的某些人，因此考慮與事件相關的利害關係人，則有助於你在進行決定時清楚知道你在事件中的決定將會影響到哪些人、社會和環境。此外，你也必須考量這些利害關係人在得知你所做的決定後將可能採取哪種回應，這將影響你最終的選擇的成敗。

你可以使用「主要利害關係人」與「次要利害關係人」的觀點分析事件中關係人的主、次關係。在「裁員案例」中，事件的主要利害關係人當然是你的員工以及你的上級長官，次要關係人則是你的其他員工，更擴大一些則是其他部門的同事以及與你

合作的廠商等等。這些人或許與事件並無直接關係，但你的作為將可能影響他們未來該以什麼樣的態度與你合作。

　　通常我們將職場可能涉及的人、事、物對象分為八大領域，包括：我與上司、我與同事、我與部屬、我與同業、我與合作廠商、我與消費者、我與政府、我與環境。建議你可以從這八大領域所提供的面向，思考事件中的利害關係人。

 我們將「主要利害關係人」定義為：在事件中擁有直接權益相關，對事件成敗具有直接影響作用的關係人。將「次要利害關係人」定義為：在事件中也具有影響力，特別關係到案主的聲譽與社會地位方面的關係人。

（四）有哪些解決方案？

　　在完成第一至第三步驟後，你已經對人、事、道德問題蒐羅清楚以及進行了一些思辨，相信你對事件已經有一定程度的掌握，你將能站在這些基礎上思考如何解決你所面對的倫理困境，並且提出一些適當的解決方案。

　　如果可以，建議你盡可能地提出你所想到的解決方案，並將它列舉出來，甚至將他人建議你的解決方案都列出來。條列出各種解決方案的好處在於：一方面使你清晰地掌握自己有多少籌碼，以利後續的分析，更重要的是，你將可能在後續的分析中，發現不同解決方案的優缺點，並且將他們加以綜合，發展出更完備的解決方案。在前述的「裁員案例」中，你提出來的解決方案可以是：毫無保留地告知你的員工兼好友，他是否被解雇，或者你可能告知他你無可奉告，甚至你可以選擇不告知他公司的人事命令，但告知他公司過去的人事命令通常在何時會公布，以及你對當前相關職缺的看法。當你蒐集越多資訊與思考更多的道德問題，你或許能思量出更適當的解決方案。

（五）評估各方案的道德性？

　　在第五步驟中，我們將為第四步驟所列舉出來的解決方案進行道德評估。第五步驟是倫理情境分析中相當重要的一環，也是最困難的一環。基本上，筆者建議以你工作領域中所羅列的工作守則以及專業倫理原則作為考核解決方案的標準，例如：誠實原則、不傷害原則、正義原則、權利原則，這樣容易上手些。

　　當然，如果你不清楚你的工作領域有哪些工作守則或專業倫理原則，那麼接下來的〈理論篇〉所詳談的「效益論」、「義務論」及「德行論」三個倫理學理論，將有助於你對所列舉的解決方案進行評估。

由「效益論」的觀點進行評估，將協助你發現執行哪一個解決方案的結果能減少最多的傷害，為事件整體帶來最多的正向效益。由「義務論」的觀點進行評估，將協助你發現執行哪一個解決方案最為符合該角色應該涉及的義務。由「德行論」的觀點進行評估，將協助你重新思索在這個事件中你應該具有哪些品格、應該成為什麼樣的人。

請你記得，希望你對解決方案進行「道德評估」的目的不在於讓你勾選你所列舉的解決方案符合了幾個倫理學理論或者原則，這樣只會陷入教條主義。執行第五步驟是希望你在進行最後的決定前，能再次思考你執行各方案的動機、各方案將帶來的後果以及作為人應該有的品質，然後做出一個更為適當且關懷他人的決策。

（六）有哪些實際上的限制？

前面幾個步驟討論倫理學中的「應然」問題，但在第六步驟則討論「實然」的問題。有時你提出的解決方案非常符合各項倫理理論的要求，但它在實際執行上可能受限於法律、社會風俗習慣、個人情感、宗教信仰等等因素而無法確實執行。在「裁員案例」中，你的朋友可能完全無法接受你的迴避，甚至完全不想聽取你的建議。因此在第六步驟中，乃希望你對解決方案的可行性進行考量，思考執行時會遇到的阻礙或失敗的機率，並且考量能否克服。倫理情境分析法最終的目的仍在於解決現實中所遇到的倫理困境，儘管我們在前幾步驟中希望你們進行理論的思辨，但在第六步驟仍需要你重新回頭思考解決方案的實際限制。

（七）該做哪些最後的決定？

在經過了前面六個步驟的說明，相信你已經開始明白做一個「對」的選擇並不容易。筆者相信若你確實地經過前述六個步驟的思考，你將可以從容、審慎、明辨地得到一個你認可的解決方案。當然，仍有可能你認可的解決方案不只一個，又或者你將反對所有的解決方案，以至於無法進行決策時，有幾個建議提供你參考：第一，試圖合併你所認同的解決方案，並依照你認可的次序執行。第二，實行你認為較可能操作的方案，試圖找出並彌補此解決方案的缺失。第三，若無適當的解決方案，再重新思考能否提出新的看法。倘若只能從現有的各個解決方案中挑選，也請你必須清晰地思考，你能否接受執行這個解決方案後所帶來的後果。

當你以倫理情境七步驟對你所面對的倫理困境進行分析後，相信你已經審慎地思辨你的決定，而非莽撞、衝動地進行道德判斷，如此一來，你將更具信心且問心無愧地執行你所提出來的解決方案。

PART Ⅲ

理論篇
Theory

第五章
效益論

　　「效益」是一個經常被我們使用的語詞，依照《教育部重編國語辭典修訂本》的解釋，它的意思是效果與利益。什麼樣的情況我們會講求效果與利益呢？通常是當我們設定了某種目標，然後試圖透過某些行動或努力想要達成此目標的時候吧！在人生中，我們甚至常被要求有「效率」地追求「效益」，也就是對效果與利益的獲得，與我們所付出的行動與努力的比率，是要相對應的。如果能付出較低獲得較高，那當然更好，但如果付出過多卻獲得很少，就會覺得很不值得。例如：國高中時當課業壓力越來越沉重，老師與家長們可能常會對我們說：「讀書要有效益（效率）啊！要懂得讀書的方法，死讀書是沒有用的！」或者當我們在一間生意非常好且非常忙碌的餐廳打工時，會發現餐廳甚至有一套工作流程的 SOP（標準作業程序），所有的工作方式都要按照 SOP 的規定進行，「SOP」就是從管理學的角度來看，企圖透過穩定的程序，節省時間與資源，提高工作的效益（效率）。那麼，什麼是倫理學中所講的效益論呢？是說倫理要有效果與利益嗎？這樣想起來好像有點難以理解，我們或許可以再進一步釐清這個問題，什麼是倫理上具有效果與利益的呢？就倫理學的角度來看，符合倫理的，才是倫理上具有效果與利益的，不符合的，當然就不具倫理上的效果與利益。

　　因此，倫理學中的效益論是什麼呢？我們從「效益」這個語詞的解釋中發現，當我們試圖透過某些行動或努力想要達成某種目標（某種效果與利益）時，所謂的某些行動或努力，指的就是倫理學中所關心的與倫理有關的「行為」，所謂的某種目標（效果與利益），指的就是此行為所產生的整體結果。如此，**效益論的最基本定義即是：以行為產生的整體結果，來決定行為的道德正當性**。它是一種從行為的目的與結果來決定行為之道德性的倫理學理論，是規範倫理學中的目的論倫理學的代表理論。

一、效益論的名稱與發展緣由

效益論（或稱效益主義）是「Utilitarianism」一詞的翻譯，以往這個詞多被翻譯為功利主義，但「功利」這個詞在現代中文的語脈中，比較容易產生負面的印象，如果我們被人指著鼻子說你這個人好功利，通常不會太開心，好像意指我們只注重利益，甚至只注重個人的利益，好像會為了利益而不擇手段，做盡一切壞事。為了避免這種語詞的負面印象，現在通常將「Utilitarianism」翻譯為效益論或效益主義。

效益論是從何開始發展的呢？效益論的發源、醞釀與興盛，主要地點都在英國。十七世紀以來，人類的生活隨著工業革命、啟蒙運動等重大事件的發生，產生了劇變。效益論的兩位重要代表人物——邊沁（Jeremy Bentham, 1748-1832）與彌爾（John Stuart Mill, 1806-1873），他們的理論建構，便是對於當時資本主義興起，新的權力階級誕生，進而與過往封建社會舊有階級產生對立，以及資產階級與無產階級的對立所進行的思想上的反省，並提出他們認為能確實解決當時各種問題的方法。

邊沁出生於英國倫敦，是一位倫理學與法政哲學家，他在 12 歲時便進入牛津女王學院（Queen's College），19 歲時得到律師執照，但其一生專注於寫作、法律系統的改革思考，未曾執業，邊沁的代表著作為《道德和立法原則導論》（*An Introduction to the Principles of Morals and Legislation.*），是效益論的重要代表作品。

彌爾同樣生於倫敦，是一位經驗主義哲學家，並主張以效益論進行社會改革。其父親詹姆斯 · 彌爾（James Mill）是邊沁的重要支持者，並影響他日後成為效益論的重要代表人物，現今我們以「Utilitarianism」一詞作為此派倫理學的名稱，便是從彌爾自行命名的著作《Utilitarianism》而來 [1]。

二、效益論的基本主張

效益論是目的論倫理學的代表，目的論倫理學是一種以行為產生的整體結果，決定行為的道德正當性的倫理學理論，即：**一個行為的對錯，完全決定在該行為所實現的目的或結果。**

---

1 羅伯特 · 奧迪主編（2002）。《劍橋哲學辭典》，「效益主義」（utilitarianism）、「邊沁 · 傑瑞米」（Bentham Jeremy）、「彌爾 · 約翰 · 斯圖亞特」（Mill, John Stuart）條。台北：貓頭鷹出版社。

因此，目的論所關切的是一個行為主體對「我應該做什麼？」的思考。我們每天的生活都是由各種不同的行為所構成，一早起來從刷牙洗臉開始，接著騎車、開車或搭公車、捷運、出門上學、上班。有些行為是不需要多加思考，每天都必須進行的，但也有不少的行為，在即將展開之前，必須先考慮一下，例如：「下一節要不要翹課？」、「午餐要吃什麼？」、「晚上要不要跟同學約夜衝？」、「要不要借同學筆記？」、「要不要答應幫遲到的同事先打卡？」、「工作時要先處理哪一件案子？」等等。在這麼多必須先想過再決定要不要行動的行為中，我們會發現某些行為會與「應該」或「不應該」產生關聯，如上面幾個例子中的「應不應該翹課？」、「應不應該幫遲到的同事打卡？」此類，而當行為與「應該」或「不應該」有連結時，便會產生涉及倫理（道德）的問題。當我們遇到這些問題時，就是處於一個倫理情境之中，在此情境中，我們必須進行道德判斷與抉擇，透過倫理思辨做出決定。

　　而效益論的道德判斷與抉擇，其基本的立場就是建議我們從行為的目的或結果進行判斷與抉擇。所以，怎麼樣才是一個在道德上「應該」或「不應該」，是「對的」或「錯誤」的行為呢？也就是說，是「善」的還是「惡」的呢？效益論告訴我們可以這樣思考：

　　一個道德上對的行為，就是在所有可能選擇的行為之中，其結果能產生最大量的善或最小量的惡的行為。

　　一個道德上錯誤的行為，就是其結果不能產生最大量的善或最小量的惡的行為。

　　以下，我們分成三個段落，對效益論基本主張進行詳細地說明。

（一）行為之善惡由結果來決定非由動機來決定

　　一個行為的善或惡，是從行為的結果來決定的。在決定「我應該做什麼？」時，西方倫理學上有兩種不同主張，一是本章所介紹的效益論倫理學，乃從行為的結果思考行為的善或惡，另一種則是義務論倫理學，乃從行為的動機思考行為的善或惡。邊沁認為，我們是無法從動機評價善惡的，因為對於某個決定，影響我們決定的動機或許是一致的，但從這一致的動機中所引發的不同行為，此些行為所導致的結果可能完全不同，如果是這樣，我們如何從動機評價此行為的善或惡呢？因此，邊沁認為我們應該從行為的結果（效果、目的）評價善或惡。（關於義務論倫理學對於從行為之動機評價善惡的討論，在第六章〈義務論〉中將有詳細介紹，本章不再贅述。）

以公車或捷運上博愛座的讓座議題為例，我們現在常在網路上看到某些年輕人在公車或捷運上不讓座的照片或影片，且這些不讓座的人往往都遭到網友慘烈砲轟。試想，今天你與往常一般搭著公車出門，上公車時已沒有座位，因此你只好站在某個座位旁邊，坐在這座位上的是一位年輕人，正帶著耳機、沉迷於手機遊戲。過了幾站，一位行動較遲緩的老先生上了車，走到這個座位附近，但這位在座位上玩手機的年輕人完全沒有發現這位老先生，這時，你可能會開始思考，你應該怎麼做呢？

依照邊沁的觀點，他認為當我們開始進行「應該做什麼」的思考，並依此思考做出道德抉擇而有所行動時，評價此行動的善惡與否，不應該在於動機。因為，從這個例子來看，大部分道德思維在正常脈絡中的人，其動機幾乎都是一致的，認為我們應該尊敬並照顧比我們年長的人，所以在公車上讓座給長者的動機基本上是相同的，而當你以及旁邊看到這情況的乘客，有了這位年輕人應該讓出座位的想法，這位年輕人卻沒有讓座時，從這個大家一致擁有的動機所引發的行為，卻可能有很多行為選擇。例如：你可以拍拍這位年輕人請他拿掉耳機，再請他讓座，你也有可能如現在很多人的習慣，拿起手機拍照或錄影，把年輕人不讓座的行為放上網，在網路上數落他／她的不是，或許，你那天心情很糟，就很大力地用手拍了那位年輕人，用不友善的語氣責罵他並要求他讓座。這些由一致的動機所引發的不同行為，就有可能導致不同結果，且這些結果不一定都是好的，也不一定能完成請年輕人讓座的目的。

試想，我們生活中是否有更多例子，也會顯出此種情況，某些引導行為的動機或許被認為是善意的、好的，但經由此些動機所引發之行為，及由此行為所導致的結果，卻不一定是好的，甚至有可能是惡的。因此，邊沁認為任何動機都會產生善的或是惡的，或是無關善惡的行動，動機只是一種人的心理情感狀態，本身不會去企圖什麼，有時候動機可能只是一種好奇心，因此不能從動機評價行為的善惡[2]。

不過，許多人看到這，可能不免疑問，單從結果真的能判斷行為的應該或不應該嗎？再舉以下兩種不同面向的假設情境嘗試思索：

1. 動機善／結果惡

　　醫生行醫的動機基本上都是想救人，想讓病人痊癒、恢復健康，但在醫療過程中難免有失敗的時候，如果就行醫的結果來看，醫生在治療上的失敗，結果是病人的死亡或無法痊癒，直接影響了病人以及家屬，此些結果可能是惡的，但難道醫生的救人行動就是錯誤的、是惡的嗎？

2. 動機惡／結果善

　　有些沽名釣譽的人，他／她可能做了很多善事、捐了很多錢、幫助了非常多人，但他／她做這些事的動機純粹是為了對名聲的追求，或對自己事業有益，而不是真心想要幫助別人，然而從結果來看，他／她確實幫助了很多人，投入許多公益事業，但我們知道了他／她的動機後，仍會覺得他／她做的事情都是應該的？會認為他／她是個善心人士、是個好人嗎？

以上兩個不同面向的問題，可能是許多人初看效益論的基本主張便會產生的疑惑，由此我們可以先檢視自己的觀點為何？而效益論對於「什麼是善惡？」、「如何衡量善惡？」等問題，還有更多詳細的討論，因此，我們可將這些疑惑先放在心中，繼續對效益論有更多的理解後，再來做進一步的思考。

（二）善的意義

　　當行為的善惡之判斷是由行為所導致的結果來看時，那麼，所謂的結果又是什麼呢？這些結果如何讓我們判斷善惡？且能引導我們從善惡判斷中，做出善（對、應該）的事情？這即是關於善的意義的思考。

2　羅國杰、宋希仁編著（1991）。《西方倫理思想史 - 下卷》。北京：中國人民大學出版社，頁 375。

效益論者認為，善就是獲得幸福，幸福是人生的最終目的，應該沒有人的人生會以追求不幸為目的吧？然而，人之主體如何有幸福的感受呢？效益論者主張幸福是由快樂、愉悅的感覺所引發的。因此，我們可以簡單的將「善」的意義進行以下的串聯：

快樂＝幸福＝善

如此，我們可將效益論對於如何評價個人行為、如何思考「我應該做什麼」的基本主張，進行更明確的定義：

一個行為的對錯，完全決定在該行為所實現的目的或結果。一個行為是善的，是因為它能產生、引發快樂或減少、排除痛苦；一個行為是惡的，是因為它能夠產生、引發痛苦或減少、排除快樂。

效益論的這種主張，是從英國哲學中極為重要的經驗論立場而產生。英國經驗論的代表人物休謨（David Hume, 1711-1776）的倫理學理論便有明顯的快樂主義的立場，他認為一切具有真正意義的學問必須關涉經驗事實，感覺經驗是人類知識的基礎。就倫理學的層面而言，感覺的體驗便是倫理道德的基礎，道德實則是一些特殊的苦或樂的感覺印象，對於善惡的區別就是一些特殊的快樂（愉悅）或痛苦的感覺，所以，善惡的道德評斷就是在我們感受到苦與樂的同時，便直接涵攝其中[3]。邊沁與彌爾兩位效益論的重要哲學家均承襲休謨經驗論式的思考，認為當一個與道德有關的行為發生後，其結果必然會引發與其有關連的人的愉悅、快樂或痛苦的感受，這種苦與樂的感受便讓主體產生幸福或不幸福的感覺，再由幸福或不幸福的感覺引導出關於善與惡的價值判斷。

■ 補充知識　休謨，蘇格蘭著名哲學與歷史學家，是英國經驗論的重要代表人物，對效益論倫理學有重大影響。

因此，對效益論者而言，快樂與幸福自身便具有內在價值，是在道德上值得實現的最終目的。而邊沁與彌爾在此觀點上有著些許差異，相較於邊沁對於快樂作為內在價值的肯定與追尋，彌爾修訂了邊沁的理論，其更肯定的是幸福此概念，快樂的價值在

3　牛京輝（2002）。《英國功用主義倫理思想研究》。北京：人民出版社，頁35-36。羅國杰、宋希仁編著（1991）。西方倫理思想史-下卷》。北京：中國人民大學出版社，頁205。

於它是人之幸福的組成部分，所以幸福是道德的最終標準與人生的最終目的，而追尋此目的的手段，其實可以是多元的，可能是擁有權力或金錢、是熱愛音樂、是追求知識，當然也有可能是健康、自由、愛情……等，透過這些多元的手段，人可以獲得快樂，當然，也就可以得到幸福[4]。

至此，我們可以繼續反思，對於快樂與幸福的追求，當然是人生來自然的渴望，如本節第二段所述，沒有人會希望自己的人生是不快樂、不幸福的。將快樂與幸福作為判斷行為善惡的準則，看來是合理的，但是否真的如此呢？我們再舉以下兩種假設情境，進行思考：

1. 單一行為：A 快樂／B 痛苦

　　假設你與幾個朋友合租了一層公寓，雖然大家各自有自己的房間，但其中一位朋友很喜歡將音樂的音量開很大聲，還會隨著音樂大聲唱歌，而你卻比較喜歡安靜，常常覺得這位室友的行為讓你很困擾，影響了你的作息。

2. 不同行為：A 做 X 這件事快樂／B 做 Y 這件事快樂

　　假設你與情境 1 一樣，與朋友合租了一層公寓，而且你與室友們本來就是朋友，都覺得住在一起以後，會有更多時間相處，有很多有趣的活動可以一起去做。但室友 A 喜歡邀大家一起聽音樂、唱歌，室友 B 喜歡邀大家一起吃宵夜、看電影，室友 C 覺得大家可以住在一起，有空當然要趕快把一起修的課程的功課拿出來討論，這時，大家反而開始為了要做什麼活動，而起了爭執，這情形同樣讓你很困擾。

以上兩種情境說明了，單一行為所導致的結果，造成的是 A 的快樂，以及 B 的痛苦，或是某一小群人的快樂，另一大群人的痛苦，此時，我們應該如何評判呢？而對不同行為所導致的結果，不同人會有不同的苦與樂的感受，此時，又該以誰的感受為評判標準呢？

因此，知道了效益論對善惡的定義後，接著要考慮的，還有「善惡如何衡量」的問題，由此，效益論在確立了基本的「效益原則」後，提出了另一個重要主張，即「最大幸福原則」。

（三）最大幸福原則

關於善惡要如何衡量的問題，效益論從「最大幸福原則」做出界定。什麼是「最大幸福原則」呢？如上一節提出的假設情境 2，不同人對同一事件的苦樂感受不一定相

4　牛京輝（2002）。《英國功用主義倫理思想研究》。北京：人民出版社，頁 94-95。

同，對不同事件所造成的苦樂感受也不同，那麼，透過苦樂所連結的幸福或不幸福的感覺當然也會不同，故在評判上，便不能以個人作為衡量的唯一基礎。所以，效益論不會是所謂的利己主義（Egoism），在倫理學上所謂的利己主義是指「每一個人都應該提升自己的利益，或者人們有義務去從事任何可以有利於自己的事。」許多人會評論效益論以快樂為評斷道德善惡的根源，會造成倫理上的利己主義，僅以自己的快樂為唯一標準，這種評論一方面忽略了效益論進一步深論的「最大幸福原則」，另一方面也誤解了倫理上的利己主義，以為利己主義就是只求短期利益、完全忽略他人利益、過度自我中心[5]。

因此，效益論認為所謂的幸福，並非僅指行為者的個人幸福，而是與此行為有關的所有人的幸福，幸福的追求是指「最大多數人的最大幸福」。回到前一節的假設情境 1 中，以最大幸福原則進行檢視的話，我們就會知道：就「室友享受音樂的快樂」此一行為，對他來說雖然讓他有了幸福的結果，但此行為還與其他室友有關、會影響其他室友，其他室友是否也能與他共享音樂帶來的愉悅？還是會因此受到干擾，也是他進行聽音樂唱歌此行動時，所必須考量的。至於假設情境 2，當遇到「室友們應該一起做什麼活動才是開心愉快的」此爭議時，當然也應該是從所有與此行為有關的人的所有苦樂進行考量，才能找出最適當的選擇。

所以，效益論追求最大多數人的最大幸福的原則，十分適用於公共政策的決策，小從一個共同租賃公寓的生活公約、一個社團的活動安排，至一間學校或公司的營運政策，甚至地方政府各種發展計劃、跨國企業的投資決策等等，排除其他各自應該有的不同考量，在倫理道德層面的評斷上，「最大幸福原則」確實為一很實際且容易進行的道德原則。邊沁自己也認為，就實現整體社會效益的最大化而言，其實就是指每個人都能追求自己最大效益的實現，社會的幸福就是組成社會的所有成員的幸福的總和。

不過，這種最適當的選擇是否真的能被確認出來呢？我們難免又會有進一步的疑問。邊沁自身在確立「最大幸福原則」的「最大多數人的最大幸福」此主張的內涵時，可能也考量到了「最大多數人」與「最大幸福」兩者不一定能被同時滿足的問題，所以在後期的論述中，邊沁多半僅使用「最大幸福」此概念，以此涵攝「最大多數人」與「最大幸福」兩者[6]，保持語詞上的緩衝，避免爭議。不過邊沁並沒有放棄最大多數人的最大幸福的主張，因此，仍遭遇了許多批評，關於這些批評，我們可分別從兩方向進行情境的假設思考：

5　林火旺（1999）。《倫理學》。台北：五南圖書出版公司，頁 58-59。
6　牛京輝（2002）。《英國功用主義倫理思想研究》。北京：人民出版社，頁 50-51。

1. 「最大多數人幸福」的問題

　　假設在你工作的團隊中，你的年資最淺且年紀最小，面對主管交付的各項工作，其他成員常以教導或訓練你爲理由把許多工作交給你，因此，在這一段時間中，你的工作團隊基本上都能完成主管交付的工作，績效也都很好，但其他員工都很悠閒輕鬆，只有你疲憊不堪，像奴隸般的被使喚著。在這個團隊中的大多數人都是愉快的、幸福的，只有你感覺不幸，然而你會同意這樣的情況是合於道德的嗎？

2. 「最大多數人幸福」與「最大幸福」的矛盾問題

　　假設你的工作團隊完成了一項重要的專案，主管將對團隊做出獎勵，獎勵方式有兩種方案，一是對於團隊中貢獻最大的 6 位員工，各自給 10 單位的獎勵，二是對於團隊中所有員工共 10 位，各自給 5 單位的獎勵，那麼你認爲哪一個獎勵方案是最好的分配呢？是總計的數量最大的嗎？

　　以上兩種情境，情境 1 是當我們將善惡的評斷簡化爲結果（效益／快樂、幸福）的最大化時，可能會遭致的嚴重後果，少數人的痛苦可能會因爲多數人的快樂而被忽略、犧牲，如台灣近年來常見的各種土地開發或都市更新的爭議，便是顯而易見的例子，而且只重視行動的結果，不關切行動本身，當行動本身與我們的道德直覺牴觸時，也是效益論難以解決的問題。情境 2 則顯示，最大幸福有時不見得是在最大多數人的情況下被實現，當兩者有所牴觸時，我們又應該如何進行行爲的抉擇？如何達成分配上的正義[7]？

三、效益的量化與區別

　　回應上一節結尾所提出的疑問，效益論者勢必對於到底該如何衡量「結果」這件事情，要有更詳細的規劃。因此，效益論規劃了「量化」的方式，讓我們對「結果」的衡量不是一種空想，而能透過準確的計算，確實找最佳的行爲、最好的行動方案。

　　效益論者主張，當我們處於某個道德情境中，面對任何的道德衝突或困境時，是可以透過計算，將善與惡量化，再進行評估，得到行動的最後決定。

（一）效益的量化計算方式

　　「量化」就是先設想出行爲所導致的所有結果，再將這些結果的快樂或痛苦予以量化。當我們遭遇到了某個倫理困境時，在應該怎麼做的選擇上無法立即決斷時，我們可以對所有的選項逐一思考：「我在這個情境下，做這個行爲會產生什麼結果？這

7　此處對於效益主義的評論僅以簡要的情境進行說明，讀者若想深入理解，可參見林火旺《倫理學》一書。林火旺（1999）。《倫理學》。台北：五南圖書出版公司，頁 93-97。

些結果所導致的善（快樂）、惡（痛苦），在衡量後的結果為何？」此時，若能將這些行為所導致的結果逐一進行量化的統計，便能實際產生一個最佳的數字，此數字所代表的當然就是最佳的結果，也就是最適宜的行動方案。效益論因此設計了快樂與痛苦的量化單位：

快樂：hedon【快樂主義（hedonism）一詞的出處】
痛苦：dolor【詩詞上的用語，原為悲哀的意思】[8]

有了單位之後，行為所造成的各種「結果」就可以清楚呈現。例如：喝咖啡是 5 hedon 的快樂，唱 KTV 是 10 hedon 的快樂，考上研究所是 50 hedon 的快樂，感冒是 10 dolor 的痛苦，考試不及格是 20 dolor 的痛苦，心愛的寵物過世是 100 dolor 的痛苦等等。

如此一來，當我們處於某個倫理困境時，我們便可對選擇的行為進行結果的衡量，盡量將這些行為可能會導致的結果條列出來，對這些結果進行苦樂的量化，然後再將苦樂的值進行抵銷的統計（以 hedon 為正值，dolor 為負值）。最後，我們所找出的一個最高的正值，其所代表的行為，就是在這個情境中最符合道德的行為，沒有其他行為能取代它，因為沒有其他更高效益的行為了。

只是，如果苦樂的量化數值沒有一定的限制，在我們進行計量的時候，因為缺乏相對的比較與考量，是否會有難以決定的可能？此時，我們或許可以在進行量化衡量的時候，根據實際的狀況，設定苦樂數值的範圍。例如：處理一些影響範圍較小的倫理困境時，可以將快樂的值設定為正值的 1 到 10（1 為輕微，10 為極致），痛苦的值設定為負值的 -1 到 -10（-1 為輕微，-10 為極致）。處理一些影響範圍較大的倫理困境時，可以將快樂的值設定為正值的 1 到 100（1 為輕微，100 為極致），痛苦的值設定為負值的 -1 到 -100（-1 為輕微，-100 為極致）。我們也可以畫出簡易的表格整理之，再來進行衡量，或許較為清楚易懂。以下我們以兩種情境，讓大家進行假設的思考：

1. 對一行為應該不應該的思考

假設在期中考某項重要科目的考試中，你發現在你旁邊的同學正在作弊，你當下反應是認為作弊是不應該的，但你同學正以萬般哀求的表情望著你，你知道這位同學家境不好，必須打工賺取自己的生活費，因此有些跟不上課業，沒太多時間準

8　黃慶明編著（1998）。《倫理學講義》。台北：洪葉文化，頁 18-19。

52　第五章　效益論

備考試。此時，你到底是「應該要舉發同學的作弊」還是「不應該舉發同學的作弊（幫他隱瞞）」呢？

應該要舉發同學的作弊		不應該舉發同學的作弊	
結果	量化數值	結果	量化數值
總計		總計	

（表格列可自行增減）

2. 對一困境進行行為抉擇的思考

　　假設你們部門有可能接到一筆大訂單，其獲利能讓部門業績大幅度超越年度績效指標。然而，訂單廠商在交涉過程中，卻提出了許多過度、不合理且明顯不道德的特殊招待的要求，員工們紛紛提出各種處理方式。例如：員工 A 氣憤地表示這種要求太噁心，應該直接回絕且痛罵對方一頓，喪失訂單不跟這些人做生意也無所謂。員工 B 認為可以嘗試委婉地拒絕特殊招待的要求的部分，更有耐心地與對方說明自己部門的立場，回到訂單本身對兩公司的利益來討論。員工 C 則直接表明反正在商言商，就乾脆接受對方要求，自己部門的人不要參與，拿到訂單就是了。此時，哪一位員工的提議，會被大家認同呢？

員工 A 的提議		員工 B 的提議		員工 C 的提議	
結果	量化數值	結果	量化數值	結果	量化數值
總計		總計		總計	

（表格列可自行增減）

　　讀者可自行嘗試對於以上兩種情境，進行效益論所提出的量化計算，找出情境中最適宜的行動。而在這樣的嘗試中，是否會遇到什麼樣的困難呢？

本章在前面論述效益主義的基本主張時便已提出，只從結果判斷行為的應該或不應該，似乎是不容易的，現在我們更清楚理解了效益論如何從結果進行衡量的操作方式，但不難發覺，這種疑惑仍有存在的可能。因為我們還是沒有解決，每一個人對苦樂的感受是有差異的，雖然我們知道所謂的效益是指最大多數人的最大幸福，但在量化上，是否仍會有實際執行的困難？

（二）效益的量化計算根據

邊沁對於量化計算的實際執行，設計了更詳盡的計算規則，或許能再減少實際執行上的困難，他提出了七項在計算時可依據的因素：[9]

1. 強度：行為所導致的快樂感覺其強弱程度，強烈的高於弱的。
2. 持續性：行為所導致的快樂感覺其時間長短，持續時間長的高於時間短的。
3. 確定性：行為所導致的快樂感覺是真實還是虛假的，確定性強、真實的高於虛假、不確定的。
4. 遠近性：行為所導致的快樂感覺是馬上可獲得的，還是需要更久時間才能獲得，最近能獲得的高於更長久時間才能獲得的。
5. 增殖性：行為所導致的快樂感覺能否派生出其他快樂感覺，快樂的感覺能增加快樂，就是有增殖性，有增殖性的高於無增殖性的。
6. 純粹性：行為所導致的快樂感覺不會產生相對感，即快樂與痛苦相比，能否占有絕對優勢。具純粹性的高於無純粹性的。
7. 廣延性：行為所導致的快樂感覺能擴及的人數有多少，人數越多幸福的量越高，相反則越低。

邊沁認為在這七項因素中最重要的就是前二者，即強度跟持續性，且他認為快樂與痛苦的差別就是此種「量」上的差別，在「質」上是無區別的。邊沁的此種效益論的思考，因而常被冠上快樂主義（享樂主義）的稱號，且被認為與古希臘伊比鳩魯學派（The Epicurean School）的快樂主義類似。因為其對於道德上的價值抉擇，完全取決於個人對快樂或痛苦的衡量，視快樂為唯一的內在價值。

---

9 關於七項效益論在量化計算時可依據的因素，本文根據以下兩書進行統整。牛京輝（2002）。《英國功用主義倫理思想研究》。北京：人民出版社，頁 46-47。羅國杰、宋希仁編著（1991）。《西方倫理思想史 - 下卷》。北京：中國人民大學出版社，頁 369-370。

> **補充知識**
>
> 伊比鳩魯學派：伊比鳩魯學派創始者為伊比鳩魯，生於約 342B.C.，此學派存在了有六世紀，以伊比鳩魯的快樂主義倫理觀與原子論聞名。在倫理學上他倡導快樂為人生唯一目的，但他所謂的快樂不是短暫的感官快樂，而是一種終身不會耗竭的愉悅的感受。這樣的快樂是必須建構於主體心靈上的淡泊與平靜，才能過著一種高度的精神生活。

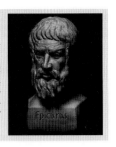

但到了彌爾，則修正了邊沁的理論，前面已經提過，相對於快樂，彌爾更肯定的是幸福，快樂是人之幸福的組成部分，幸福是道德的最終標準與人生的最終目的，如何獲得幸福的手段應該是多元的，因此，透過多元手段所產生的快樂，其除了在量上的差異，還應該有質的不同。由此，結合邊沁在量上最重要的強度跟持續性兩者，可以把彌爾的計算公式寫爲：

持續性（長度）X 強度（寬度）X 質（高度）[10]

循此，我們仍然可以列出如同上一節的表格，將行爲所導致的苦樂後果進行列表與計算後，最後將苦樂值進行加減後，找出實際的行動方案。

只是我們必須承認，在大多數人的生活中，我們往往很容易感受到快樂在量上的差別，對於快樂在質上的差別，則是比較難以區別的。所以，從量上衡量快樂與痛苦的感受，邊沁所建立的這種效益的量化的計算方式，確實有其理論的意義。只是到了彌爾，他察覺到純粹從量上計算快樂，就算有上述七項計算因素協助進行量的估計，似乎還是有些問題。例如：明天早上有重大會議的上班族，下班後要答應同事的邀約去聚餐唱歌，放鬆心情，還是回家早些休息並準備明天的會議？就一般人看來，大概很難覺得回家休息並準備明天的會議是一種快樂，而聚餐唱歌卻很容易獲得快樂。因此，首先我們會忽略快樂在「質」上的區別，接著，若讓我們從「量」上再對聚餐唱歌與回家休息並準備會議兩者進行快樂的比較，多少人能理性並冷靜地列出此兩種行爲選擇可能會產生的所有結果，並將這些結果分別再從上述七種因素上詳細考量，去分析自己會有的感受？而眞的進行分析時，又是否眞能得出最好的選擇呢？在此，我們先不論例子中的兩個行爲選擇可能會產生的所有結果，嘗試直接對此兩行爲選擇在七項評估因素中進行 PK，來看看結果會如何顯示（兩行爲在同一因素中高於對方者打星號）：

---

10 黃慶明編著（1998）。《倫理學講義》。台北：洪葉文化，頁 26-28。

	強度	持續性	確定性	遠近性	增殖性	純粹性	廣延性
聚餐唱歌放鬆心情	☆	？	☆	☆		？	
回家休息並準備會議		？			☆	？	☆

在實際衡量時，首先會發現對於不同的倫理情境，並不是所有的行為都能對應七項因素，能立即做出分析，如上表所顯示，在持續性與純粹性方面，我們就覺得是難以確定的。次者，從剩餘可分析的因素來看，如果哪項行為在此因素中高於另一個，最後我們判定獲得比較多的選項，就應該是比較符合倫理的最好的決定，因此，在這個情境中，我們最後的決定是應該跟同事去聚餐唱歌放鬆心情，你是否同意呢？如果不同意，你覺得問題會在哪裡呢？

（三）快樂的內涵與區別

對效益論而言，所謂的快樂不應該只是很容易聯想到的那種唱 KTV、大吃一頓這一類感官的快樂。且一般人在與朋友大吃大喝、KTV 高歌，或夜店跳一整夜的舞，或玩一整天的牌這類的活動之後，常會伴隨著身體的疲憊，甚至心裡的空虛感。當然，這種常見的感受不能嚴謹地論證快樂在內涵上的高低區別，但從一般經驗出發，這種感受又確實常存在於一般人的生活經驗中。

效益論對「快樂」的內涵進行了區別。其實，古希臘伊比鳩魯的快樂主義便認為快樂是有區分的，而且其區分與後來效益論的區分，確實有著類似之處。如果從「質」上檢視，雖然感官的快樂確實屬於快樂的一種，但人類還有另一種精神上的快樂，而且精神上的快樂在等級上高於感官的快樂。因此，低等級的快樂是無法滿足我們的，彌爾有一段非常著名的話：「做一個不滿足的人比滿足的豬更好；做一個不滿足的蘇格拉底比一個滿足的傻子要好。如果傻子或豬具有不同的看法，這是因為他們只知道從自己的方面來考慮這個問題。」[11] 如果你堅持感官的享樂，不管在量上獲得再多快樂，都是無法滿足的，對於在「質」的層次上更高級之快樂的追尋，是人類邁向幸福的必要條件。

---

11 Tom L. Beauchamp 著，雷克勤、郭夏娟、李蘭芬、沈珏譯（1992）。《哲學的倫理學—道德哲學引論》。北京中國社會科學出版社，頁 114。

我們在生活中，透過各種多元的方式獲得快樂，這些快樂累積為幸福人生的必要內涵，而這些不同方式，從低層次逐漸提升至高層次，透過個人與過往他人的經驗積累，引導我們成為更好的人，追求個人與社會整體的最大幸福，亦成為效益論倫理學的期許。

四、行為效益論與規則效益論

效益論是從「行為」的後果、結果來決定道德上的善惡，所謂的效益就是對於後果、結果的分析。然回到倫理學所關注的「行為」概念上，從行為的區分來看，效益論其實還分成了行為效益論與規則效益論兩種。因此，在最後一段，筆者針對此兩種效益論進行簡單說明：

首先，我們可以將「行為」區別為兩類[12]：

具體、個別的行為：每一個行為當下的具體、個別行為。

統稱的行為：總結為一類的行為。

---

12 此處對於行為與規則效益論的統整，主要參照林火旺《倫理學》與 Tom L. Beauchamp，《哲學的倫理學─道德哲學引論》兩書。林火旺著（1999）。《倫理學》。台北：五南圖書出版公司，頁 82-90。Tom L. Beauchamp 著，雷克勤、郭夏娟、李蘭芬、沈珏譯（1992）。《哲學的倫理學─道德哲學引論》。北京中國社會科學出版社，頁 127-138。

根據兩類「行為」的區別，會形成兩種效益論：

行為效益論：一個行為的對錯，完全決定在該行為所實現的目的或結果。

規則效益論：一個行為的對錯，完全決定在該一類行為所實現的目的或結果。

兩者的差別在於從單一個別行為還是從已被歸結為一類的行為去進行效益的評估。而當我們將單一行為歸類為一類行為時，例如：我今天跟爸媽說要去上課，其實卻翹課去看電影，所以我沒有對父母說實話。這本來是一個單一個別的行為，但從規則效益論的角度，會先將此單一行為歸類為統稱的行為，成為「對父母應該要誠實（不能欺騙父母）」，實則，我們已將此類行為形成倫理規範，因此，規則效益論不僅是從個別行為分析其後果，而會先問此行為是否符合已形成的行為規則，再去思考此類行為規則所導致的行為及其後果的效益問題[13]。不過，效益論發展至此，不免有學者提出懷疑，此已不是效益論的基本型態了，且在理論上仍是有其困難，我們可以想想以下兩種類型的假設情境：

1. 行為與規則的選擇

   假設你是某知名服裝品牌直營專櫃員工，常有客人在試穿衣服時，會詢問你的意見，或對自己的身材沒信心，不確定衣服是否適合自己？我們都知道誠實是對的，但當顧客詢問你的意見，而衣服穿在顧客身上確實非常不合適，你應該誠實地告訴顧客你的意見嗎？還是會設法使用比較委婉的方式表達，甚至為了業績，不告訴顧客實話。如果這時你仍堅守誠實的原則，會是最符合效益的行為嗎？

2. 規則與規則間的矛盾

   假設你是某大型企業的高級主管，工作表現非常傑出，有好幾項重要的專案由你負責執行，為了工作你幾乎每天加班、常常出差，很少在家裡陪小孩。最近公司告與你討論，希望由你組織一個團隊至國外擴展重要業務，但因此，你必須常駐國外，將更無法顧及家庭，當你將此種可能性與家人商量時，你的小孩激烈的反對，他們希望你可以多陪陪他們，不要只專注在自己的工作，你的父母也希望你可以留在台灣，錢不用賺這麼多也沒關係。此時，一方面是公司的提議，你認為應該全力以赴，且能藉此展現個人的企圖心與能力，另一方面面對家庭，你應該多陪伴與照顧他們，兩者都是應該做的，但兩者確實互相矛盾，你應該怎麼辦呢？

---

13 葉保強（2005）。《企業倫理》。台北：五南圖書出版公司，頁63。

從以上兩種假設情境會發現，倫理規則若被堅持是不能破壞的，那麼，有些完全遵守此些規則的行為，不一定會是最符合效益論所衡量後善的行為，且能夠讓我們符合善又帶給我們快樂的行為規則非常多，這些規則也常會出現相互矛盾衝突的可能，這都是規則效益論會產生的麻煩。

相對於此，行為效益論所強調的是從每一個別的、單一的行為之後果所進行的善惡分析，但這並不意指行為效益論反對任何倫理規範，他們還是認為我們可以從日常經驗中歸納形成一些簡便原則（rules of thumb），這些規則在生活中仍是有用的。否則，每次當我們遭遇到倫理情境，如果時間急迫，我們如何還能慢條斯理的分析情境，找出最佳的行為選擇？因此，對工作負責、對父母孝順、尊敬長輩、不說謊等等倫理規則，還是值得遵守並能作為我們日常生活中的道德指引，只是，當遇到特殊情況，當最好的行為選擇可能會違反這些簡便原則時，更重要的是「我現在應該做什麼選擇？」而不是直接套用那些已形成的倫理原則，直接套用的結果若不能獲得最佳的效益，那反而是違反了效益論。

第六章
義務論

　　台灣近年來不斷地發生與食品安全相關的問題,造成國人在生活方面極大的困擾,甚至於恐慌。讓我們一起來思考以下例子。

　　一位採用天然有機食材製作麵包的師傅小胖,製做出來的麵包鬆軟口感佳,名聲很快地便在鄉里間傳了開來,生意也漸漸興隆,讓他由發財車的販售到有了自己的店面。

　　小胖開店的成功經歷引來其他業者爭相模仿,一段時間後,周圍同樣標榜以「有機天然食材」製作麵包的店家一間間地成立,並進而採取削價競爭的方式爭取顧客的青睞。固然,小胖的店仍有忠實的老主顧,但其他舊客源卻因為「想嚐鮮」而流失,新客源拓展的幅度又極其有限。小胖的生意明顯地在同業間受到排擠,又因為原物料翻漲的關係,嚴重地壓縮到能賺取的利潤。小胖很掙扎是否要採取非天然食材與人工香精等原料來製作某些產品。最後終於,抵受不住業績開始出現虧損,小胖在新推出的麵包品項上用非天然的材料。

　　小胖推出的新品項麵包,很快地又吸引住消費者的目光,業績開始止跌回升。消費者都驚嘆於新麵包的口感與濃郁香氣,也沒特別詢問食材方面的資訊。一天,一位剛搬進附近社區的新住戶上門來消費,眼光立刻注意到了店內的人氣新品項,雖然單價頗高,但絲毫沒有讓這位消費者手軟。在結帳時,這位客人與小胖閒話家常,不經意地聊到了該麵包品項的原料。一時之間,小胖腦海中盤旋了許多種回答方式,其中亦包括了「欺騙此消費者製作此麵包的材料全屬天然食材」這個選項。幾經思考之後,小胖還是選擇對此消費者吐實。

　　對於這個例子,我們會怎麼看待小胖對該位顧客所做出的行為呢?我們會說小胖做出了錯誤的行為嗎?直覺地,我們認為小胖只要是說了實話,他並沒有做錯事。從某方面來看,小胖做出了店家該遵守的「童叟無欺」此規範,他做了對的事情,甚至

還帶來了好的結果（例如：該顧客持續上門消費，並帶來其他新的顧客）。但是，小胖所做出的行為值得我們去稱讚他嗎？

從德國哲學家康德（Immanuel Kant, 1724-1804）所提出的倫理學觀點，小胖選擇「對顧客誠實以告」的行為是「對的」行為，但是他的行為卻不具有「道德價值」（moral worth），因為他根據了錯誤的理由（reason）。這樣的看法，頗有蒲松齡《聊齋誌異·卷一》頭一篇〈考城隍〉中，宋燾在病臥中夢見自己應考所回答之「有心為善，雖善不賞；無心為惡，雖惡不罰。」內容的意涵。敘述至此，已經帶出了許多概念與想法，例如：行為對錯、行為理由、道德價值、行為對錯與結果的關係、行為對錯與道德價值的關連等等。這些概念與想法交織成為康德倫理學或康德的義務論（Deontology）。

補充知識　康德，出身於東普魯士的哥尼斯堡，德國古典哲學創始人。其學說深深影響近代西方哲學，並開啟了德國唯心主義和康德主義等諸多流派。他所撰寫之《純粹理性批判》、《實踐理性批判》與《判斷力批判》三部巨著奠定了德國古典哲學的基礎。而其道德哲學思想，則主要呈現在《道德形上學之基礎》與《實踐理性批判》二書之中。

一、決定行為對錯的依據

在義務論的倫理學說法中，義務（或責任）是考核行為是對是錯的關鍵。符合義務的行為即是對的行為，反之，該行為便是錯的，即便那樣的行為達到了極佳的結果也是一樣。二次世界大戰期間，日軍在中途島海戰失敗後，為了對抗美國海軍強大的優勢，並挽救即將戰敗的局面，便利用軍人對日本武士道精神的崇尚，以及愛國心作為號召，向年輕戰機飛行員提出「一人一機一彈換一艦」的要求，要求這些年輕的戰機飛行員對美國海軍的艦艇編隊、登陸部隊與固定的集群目標大規模地進行自殺式襲擊，此慘烈行為即是二戰期間令人訝異不已的「神風特攻隊」。

這種戰略廣泛地運用於二戰後期的戰場上，在兵力、武器裝備與補給物資均遠遜於盟軍的情況下，日軍利用此自殺式襲擊，意圖以最少的資源換取最高的破壞力。初期，這樣的戰略的確獲得極大的成效，連美軍的航空母艦也因此失去了戰鬥能力。但是，試回顧此戰略的成因及發生經過，那會是正確的決定或行為嗎？

從戰爭所帶來的效益來看，或許能得到正面的評價。然而，試想在警匪電影中經常出現的情節為例，一名專門負責與綁匪交涉的談判專家，不免俗地總會被要求從一

群人質中隨機殺掉一個作爲交換條件，以換取其他人質的自由（情境如同第三章「槍決印地安人」的例子）。從人數的取捨上，綁匪似乎開出了一筆不錯的交易，但是退一步想，雖然只須殺掉一個人，但是「殺人」會是一個在道德上正確的行爲嗎？

在我們猶豫的當下，便會開始產生出質疑，純粹根據「行爲所帶來的結果」會是個評斷行爲對錯的的合理判準嗎？如果是，那麼利用職權從事內線交易獲取高額金錢，簡直就是極度明智之舉。或者在電影《金牌特務》[1]（Kingsman: The Secret Service）中，反派主角范倫坦（Valentine）爲了解決地球上衆多的污染問題，而大規模屠殺人類的行動也就可以被我們視之爲是合理而欣然接受，且范倫坦也不應該被我們視爲是大壞蛋、恐怖份子，反而要以他自視的《舊約》上帝來尊崇他。爲了達成目的而「不擇手段」，在多數的情況下，我們是難以給予認同的。明顯地，純粹根據行爲所帶出的「結果」來評斷是非對錯的標準存在著某些問題。

於是，義務論主張我們該由行爲是否與義務相符合來評判其對錯，而「義務」是什麼呢？義務是道德法則所規範的必然行爲，而「什麼是道德法則？」又爲何這些法則所規範的行爲會是必然的？而這些道德法則又是打從哪裡來的呢？在道德理論中，康德相當強調人的尊嚴與其被尊敬的權利，原因在於每個人都有天生的理性能力，這項能力不會因爲社會地位、財富多寡或成就高低而有優劣之別。理性能力不僅讓每一個人都可以進行思考與做出選擇，也能讓我們制訂出在道德世界中過著自由生活的道德規範。這裡又帶給我們一些值得思考的問題，「爲何所提到的自由生活是在道德的世界中？」如果每個人都根據其理性邏輯爲自身建立出規範，那麼我們的「道德規範不僅數量龐大，而且還會因人而異」。這些令人疑惑的問題，筆者將一一做出介紹與解釋。

二、道德法則

在康德的說法中，道德法則是以一種命令的方式來呈現，他稱之爲「定言令式」（categorical imperative）。這是爲什麼呢？因爲人類雖然具有理性，但是在行爲上並不總是能根據理性而行動，且經常受到欲望、喜好傾向與情緒所影響。例如多半吸煙

1　一部馬修‧范恩（Matthew Vaughn）所執導的英國諜報動作喜劇片，改編自戴夫‧吉本斯（Dave Gibbons）與馬克‧米勒（Mark Millar）創作的漫威圖標漫畫《The Secret Service》。片中描述一個英國的國際秘密情報組織，爲培訓出頂尖的情報特務員，四處找尋潛力新血加入組織，並鎖定了一位成天遊手好閒，卻又潛力十足的年輕小子－伊格西（Eggsy）加入組織。經過一連串嚴苛的培訓計畫，該少年被訓練成爲超級特務，協助組織對抗正在迅速擴散的高科技犯罪恐怖集團，也一併阻止了該集團進行人類大屠殺的計畫。

的眾人都清楚地知道吸菸對身體來說是不健康的，合理的做法就是「戒煙」。但是從那些意圖戒菸煙卻難以貫徹的人的例子中可以窺見，非理性因素（如：日常習慣、受同儕慫恿、生活壓力大等）所產生的影響力是相當巨大的。

　　如果道德法則是規範著我們行為的法則，是我們藉以評判行為對錯與否的依據，那麼這樣的法則就必須是「普遍的」與「必然的」（或「無條件的」）。道德法則具有普遍性意味著「所有具有理性的對象都受到道德法則所約束」（如果世界上也有神、天使或魔鬼等理性對象的存在，那麼祂們也必須受到此法則的束縛）。道德法則具有必然性指的則是「所有具有理性的對象，無論其願意與否，都必須遵循道德法則所要求的方式來行動」。道德法則具有這些性質是合理的，試想如果道德法則允許對於「由A所做出的行為C」與「由B所做出的行為C」產生出不同的道德評價（對錯因為人的不同而產生差異），抑或允許「A在環境條件1下所做出的行為C」是對的，而「A在環境條件2下所做出的行為C」卻是錯誤的情形出現（對錯因為情境、條件的改變而產生差異），那麼「為何我要接受這樣的道德法則所規範或約束？」的困惑勢必將成為對於「道德法則具有規範效力」之最強而有力的質疑。

　　人的意志本身並不總是與理性要求一致，故而道德法則以命令的方式對意志做出限制，其原貌就是自身理性對於意志所下達的命令。在理性對象的分類上，人類屬於不完全的理性對象，對於理性所要求遵守的行為，例如：「遵守承諾」，我們並不一定會去履行。相對於人類，神屬於完全的理性對象，遵守諾言對於祂們而言是**必然會去做的行為**，所以儘管祂們也必須受到道德法則的規範，但是道德法則對於祂們並不會以命令的方式來呈現。一個完全理性者必然會去做的行為，反而是一個不完全理性者「必須要去做的行為」，正是因為不完全理性者可能會受到其他的誘因而選擇迴避他／她必須要去做的行為，故而道德法則對於人類會以「應該」的方式來表達對於他／她「必須要去做的行為」的要求，例如：「我們應該遵守諾言」、「我們不應該傷害無辜」等。

　　與命令的另一種類——「假言令式」（hypothetical imperative）所做出的區分，可讓我們對於道德法則有更多的認識。康德認為每一個人的行動都有其目的，而**為了達成某一個目的而採取的策略**則是該行為者所依循的「準則」[2]（maxim），這些行事的

2　根據康德的說法，準則是個人意志的主觀原則，它表達出行為者根據自身特殊的欲望或目的，而在某些情況下傾向會做出的行為決定。由於準則所表達出的內容是行為者傾向於做某事的態度，所滿足的是行為者偶然或暫時的利益，故而即使在相同的情況下，不同的行為者是可能採取著不同行為準則的。

策略或準則讓行為者能在日常生活中應付類似的情況與難題，久而久之，便成為該行為者生活處事的基本態度與行為模式。如筆者一早醒來便會「喝一杯黑咖啡」，目的是為了讓頭腦清醒，開始一天的工作。在此，「為了讓頭腦清醒」是筆者主觀的目的，「喝一杯黑咖啡」便是為了達成此目的而依循的主觀原則。不過，這裡存在著一種可能性，如果一個人要達成某個特殊目的，那麼他必須採取某個行動（主觀目的決定出主觀原則）。然而，如果這個行動是所有理性的人為了要達成擁有相同目的時都必須採取的，那麼「主觀目的也能夠決定出客觀原則」。

舉例來說，如果「商人想要獲得良好的信譽」，那麼「商人就必須童叟無欺」。這種客觀原則即是康德所謂的假言令式，也就是「任何一個有理性的人，如果他欲達成某個特殊目的，那麼他應該採取最能實現此一目的的行為。」不過相較於定言令式，假言令式並不是我們的道德義務，它無法成為要求所有理性者都必須遵循而做出行動。這是為什麼呢？從上述商人信譽與童叟無欺的例子來說，並不是每個人都想從商，也並非每個從商的人都想獲得良好的信譽，那麼「如果商人想要獲得良好的信譽，那麼商人就必須童叟無欺」這個道德命令所規範的對象，就只有那些「想要獲得良好信譽的商人」，而非所有理性的人。從此處做出觀察，這種指導我們行為的原則便是「有條件的」，也就是受到此原則約束與否，完全憑藉於行為者是否為了追求某一主觀目的來決定。一旦行為者的目的有所改變或放棄追求，那麼她便能夠擺脫此原則的束縛。

對於康德來說，假言令式並不是我們的道德法則，無法成為規範所有理性對象的道德義務，原因即在於假言令式主要是受到個人主觀的欲望、利益、偏好與興趣所影響才具有其約束力。然而這樣的約束不具有普遍性，無法對於任何理性對象來說都屬於是應該遵循的規範，唯有無條件指導我們行為的規範才能成為我們的道德法則。因此，道德法則不是假言令式，而是定言令式。

三、行為對錯的判定

根據義務論，道德對錯的關鍵在於行為本身的特性。道德上「對」的行為能夠通過道德法則（定言令式）之「普遍法則形式」（the Formula of Universal Law），以及「目的自身形式」（the formula of the end in itself）的檢驗。這部分的說明與應用敘述如下：

參見 Kant, Immauel (1964), Groundwork of Metaphysic of Morals, New York: Harper & Row, 頁 69。

（一）普遍法則形式

「只依據那些你可以同時願意它成為普遍法則的準則來行動」[3]（Act only on that maxim through which you can at the same time will that it should become a universal law.）

根據什麼樣的原則，我們進行教導或者是道德勸說一個人應該做什麼？或者不應該做什麼呢？義務論自有其一套看法。一個被認定是道德上「對」的行為，便是我們應該要去做的行為，因為該行為所依據的原則，是所有理性對象都會受到其規範著。換句話說，就是具有普遍性的道德法則。舉例來說，從義務論的角度，「對他人信守承諾」為何會是一件道德上「對」的行為呢？讓我們來看看以下的故事：

1835 年，美國一家名為「伊特納（Aetna）」的火災保險公司進行公司重組，正在募集股東。它不要求入股的人馬上繳納現金，只需在名冊上簽上名字便能成為股東。當時，摩根（Joseph Morgan）先生正為著在沒有現金條件下該如何獲益而發愁。這家小保險公司的出現正符合他的需要，於是他報名當上了股東。

不湊巧的是，一家在伊特納火災保險公司投保的客戶發生了火災，災情非常嚴重。如果公司按照規定全部付清這家客戶的賠償金，那麼意味著公司就會破產。消息一傳出，股東們悲觀失望，紛紛要求退還股金。面對這樣的困境，摩根先生並沒有動搖，因為他認為信譽比起金錢來得重要。故而他想方設法地籌措賠償款項，甚至還將自己的住房賣掉，把要求退股的股東股份全部低價收購，終於使得投保的客戶一分不少地得到了全部的賠償金。

事後，摩根先生雖然當上了伊特納火災保險公司的老闆，但也已經身無分文，公司也面臨著破產的危險。為了拯救公司，無奈之下，摩根先生硬著頭皮打出廣告：「客戶如果再到伊特納火災保險公司投保，一律加倍收取保險金。」出乎意料的是，前來投保的客戶絡繹不絕。原來在很多人的心目中，伊特納火災保險公司是最講信譽的保險公司，這一點使得它比其他知名的大保險公司更受到歡迎。[4]

3　參見 Kant (1964)，頁 69。

4　故事參考自任英梅編著，《高調處世低調做人》。台北市：華志文化，2012。頁 113。另，摩根財團是世界上為數不多的巨型公司，有「華爾街金融帝國主宰者」之稱。在摩根家族創業之初，面臨困境，舉步維艱之時，就是靠著這樣的誠信而白手起家的。

從例子中看到了摩根先生為了履行對投保客戶的承諾，賣掉房屋來償還客戶的災害理賠金，讓自己與公司都陷入破產的危機。為何摩根先生不跟其他人一樣，在公司發生危機時趕緊抽身，卻選擇承擔身為公司股東的責任，而讓自己陷入窘迫的困境之中呢？他這麼做是對的行為嗎？如果沒有後來公司成功的故事（伊特納火災保險公司因此次賠償事件而取得更多人的信任），摩根先生選擇對客戶信守承諾而全額賠償的行為會是對的行為嗎？若我們將故事的結局改編成一個悲劇，摩根先生因此次的賠償而人生窮苦潦倒，從此一蹶不振，那麼他所做的選擇還會是對的行為嗎？以上這些問題的答案都會是一樣的，即摩根先生所做出的選擇是道德上對的行為，不會因為結局有所不同而改變對其行為對錯的評估。這便是義務論的看法。

義務論告訴我們：一個行為是道德上「對」的行為，是因為該行為所依據的原則，所有理性對象都會受到其規範。如此一來，我們自然地會對上述的例子產生一些思考：「在例子中，摩根先生所依據的原則是什麼？而又為什麼如摩根先生一樣同為公司股東的人並沒有做出一樣的選擇呢？」

首先，讓我們來檢視摩根先生所做的行為。身為保險理賠公司，與客戶建立起互信的契約後，當客戶發生了載錄於契約上的意外災害時，履行契約上的責任是理所當然的事。這裡我們可以概略以「對他人信守承諾」來說明摩根先生所依據的準則，這準則是所有人都該遵循或受到約束的準則嗎？或者說，這準則是具有普遍性的道德法則嗎？透過一個簡單的例子，我們便可以得到解釋。

試著想像在經濟不景氣的時候，過著無薪假的小趙，為了生活向好友小林借了一些錢（小林也不是富裕的人，因為想幫助朋友所以答應借錢），並承諾在一個月後歸還。一個月後，小趙避不見面也不聯絡小林，這筆錢的歸還約定也就不了了之。為了借錢度過難關而選擇不遵守承諾，對於小趙來說當然佔到了一些便宜。可是，如果將小趙與小林在此借貸關係中的身分互換（小趙變成是被借錢不還的那位），那麼小趙可以接受朋友對他做出假承諾的行為嗎？此種方法可視為是對其行為所依據的準則是否可成為道德法則的檢視，即準則是否可以普遍化的測試。簡單來說，這項測試告訴我們：你應該做的行為，你也願意他人對你也這麼做。如果你不願意他人對你做出的行為，那麼你自己就不應該做。因此，「做出假承諾（或不信守承諾）」此準則並不是我們的道德法則，儘管遵守它可能帶給自身諸多的利益，但那並不是義務論在考量行為對錯時所關注的焦點。回到摩根先生的例子，儘管「對他人信守承諾」對他自身與公司都帶來了極大的危機，但依據「對他人信守承諾」此準則所做出的行為是我們與其他

人在道德上都應該做的事。所以，摩根先生行事所依據的是一個可以被普遍化的準則（任何有理性的行為者都應該遵循），也就是道德法則，因此他「依照契約對客戶理賠」是一個道德上對的行為。

文中對於摩根先生的故事亦提到了另一個疑問：「為什麼如摩根先生一樣同為公司股東的人並沒有做出一樣的選擇呢？」這個問題的答案在於：我們並不是完全的理性者，所以很有可能會受到許多誘因的影響，而選擇迴避我們必須要去做的行為，逃避我們應盡的義務。

透過對上述問題的答覆，我們可以藉此機會對於義務論所提出的義務做出更多的認識。在道德上，我們有許多的義務。然而，我們卻是一群不完全的理性者，常常有逃避與不履行義務的機會，那麼我們豈不是經常做出道德上錯誤的事情嗎？對於義務，康德做出了一些區分。針對義務的對象，有「對於自己的義務」（duties towards self）與「對於他人的義務」（duties towards others）的區分，若根據義務的種類，則有「完全義務」（perfect duties），以及「不完全義務」（imperfect duties）的區別[5]。以下表格中的例子為康德所舉出，我們可以藉此更進一步地認識我們日常生活中的義務。

	對於自己的義務	對於他人的義務
完全義務	不自殺	不做假承諾
不完全義務	發展自己的天賦	幫助苦難的人

1. 「不自殺」是我們「對於自己的完全義務」

康德描述一個厭倦生命並考慮以自殺方式來結束生命的人，他所根據會像是「愛自己（self-love）而縮短生命」之類的行動準則。也就是，如果繼續活著，可預期地，這將會是對自己產生出更多痛苦，而非愉悅的話，那麼便以自殺來結束苦多樂少的生命。康德對此提出了該準則將會導致「自相矛盾」的批評。因為「愛自己」此情感的特殊功能主要在於「推動生命的改進」（improvement of life），換言之，惟有促進生命的發展與延伸，生命才有可能獲得改進。自殺讓生命被消滅，基於愛自己而自殺很難是個能被合理與普遍化的準則。因此，愛自己而**不自殺**才是我們不管在任何情況下都應該遵循的準則，是我們對於自己應盡的義務。無論有任何理由違背了此義務對我們的要求，都是道德上錯誤的行為。

5　參見 Kant (1964)，頁 8。

2. 「不做假承諾」是我們「對於他人的完全義務」

　　對此義務，康德所描述的情況是：你急需要用錢，你也清楚地知道自己根本無力還錢，同時你也知道如果不做出「明確還錢日期」的承諾是無法借到錢的，但你還是為了借到錢而做出假的承諾。康德反對我們在道德上被允許做出此沒有意願去履行的假承諾，他的理由是：以「做出假承諾來達成目的」這樣的準則，反而將使得「做出承諾」這件事，以及利用承諾（不管承諾是真是假）達成想要的目的都成為是不可能的事。因為「做出假承諾來達成目的」此準則若能成為我們每個人都受其規範的準則，那麼再也沒有人會相信他人所做的承諾。因此，「不做假承諾」才是我們應該要遵循的道德法則。不論在任何情況下，違背了此法則的假承諾行為在道德上都屬於錯誤的行為。

3. 「發展自己的天賦」是我們「對於自己的不完全義務」

　　身為一個理性者都應該讓自己的天賦獲得發展，因為這些天賦是由於各種可能的目的而賦予給他的。然而處在舒適的環境下，人們容易荒廢自己的天賦，而傾向於安逸閒適的生活。但這並不表示「不發展（荒廢）自己的天賦」能成為規範著我們的普遍化準則。如前述，每個人的天賦不是沒有目的而賦予個人的話，康德認為我們應該盡一切努力去發展我們的天賦，讓這些天賦能為我們服務（達成我們任何可能的目的），而不該讓這些天賦因處在安逸的生活下被埋沒。因此，「發展自己的天賦」才是我們對自己應盡的義務。不過，如果一個人可能天生便擁有多項不同的天賦（例如：運動能力、歌喉等），但是在環境、發展條件有限的情況下（例如：處於偏鄉地區的住民），他只能選擇發展其中的某幾項天賦，而放棄對自身其他天賦的發展。在道德上，他並沒有因為荒廢了自己的某些天賦而違背我們應該「發展自己的天賦」的義務，做出道德上被認為是錯誤的事情。

4. 「幫助苦難的人」是我們「對於他人的不完全義務」

　　過著安穩富裕生活的人，當看見他人過著艱難困苦的生活（例如：賣玉蘭花、口香糖的身障者等），前者有義務去幫助他們嗎？康德同意人類社會可能處於貧富差距非常大的情況，但是並沒有任何理性者會願意自己所處的世界會是這個樣子。如果世界無可避免地就是這樣的情形，當我們自己處於需要他人幫助的時候，自然地希望他人能伸出援手。所以，從我們自己也可能成為那位需要接受幫助的「他人」來看，「幫助苦難的人」是我們道德上的義務。然而，這是我們的完全義務嗎？也就是不管在任何時刻、任何情況下，我都不應該對此義務有所違

背嗎？那倒不至於，如果「幫助苦難的人」是個在任何條件下都不能違背的義務，那麼我們將不可能履行這個義務。我們每個人的能力、條件都是有限的，沒有辦法無條件且無時無刻都在關心他人的苦難，並適時地給予協助。也因此，我們不必自責於對穿梭於車陣中的玉蘭花小販不進行購買、見路邊托缽乞討的乞丐而沒有給予援助，因為「幫助苦難的人」是我們不完全義務，在某些情況下我們無法履行這個義務（例如：趕著上班、手邊沒有多餘的金錢等），但我們並沒有做出道德上被認為是錯誤的事情。

（二）目的自身形式

「對待自己或者他人的人性，從不只是當成手段，而總是同時當成目的的方式來行動」[6]（Act in such a way that you always treat humanity, whether in your own person or in the person of any other, never simply as a means, but always at the same time as an end.）

　　道德法則除了在形式的要求上必須成為規範所有理性者的普遍性準則外，在其實質內涵中亦包含了對人性的尊重。康德認為人擁有理性的這一特點，使得每一個人都應該被他人當成目的來對待。把人當成目的來對待，這是什麼意思呢？相對於此，我們先理解把人當成手段或者是工具又是什麼意思？手段或工具是我們想要達成某個目的、目標時所採取的方法、步驟或者是可協助完成的物品，例如：想要達到「通過『職場倫理』課程的考試並取得該課程學分」這個目標，「認真學習」便是達成該目標的方法。而認真學習之後，保持健康「參與考試與作答」則是達成該目標應該採取的步驟。此外，想要順利地達成目標，「一支好寫、不容易斷水的原子筆」是不可或缺的工具。2013 年底，上班族間熱議的話題來自於日劇《半澤直樹》，劇中出現許多台詞更是讓職場基層人員津津樂道。其中一句「部下的功勞都歸上司所有，上司的過錯是部下的責任」，除了道盡職場中可能存在著險惡與算計外，也顯示某些職場中的上司只將自己的部下當成是達成自己目標（例如：升遷、獲得名望等）或推諉塞責的工具而已！下述即是一個在實際職場中所發生的例子。

AV 女優「波卡」事件

　　2015 年 8 月，台北市悠遊卡公司邀請了日本 AV 女優波多野結衣為悠遊卡拍攝照片，並計畫在 9 月 1 日以公益名義發行 30,000 張印有其照片的限量悠遊卡。悠遊卡公司分別推出了該女優身穿黑衣的「惡魔造型」，以及白衣的「天使造型」兩種版本，並將悠遊

6　參見 Kant (1964)，頁 96。

卡銷售的收入捐贈給慈善機構。當公司決定採取 AV 女優形像製卡的消息傳出後，立刻引起輿論及新聞媒體的熱烈討論。「波卡」事件惹出軒然大波，便有人開始追究起當初此構想是誰出的點子呢？悠遊卡公司董事長原對外宣稱此構想「是員工提的建議」，但是在 9 月 11 日則改口說：「是他主動向團隊提的點子」，並解釋該事件的完整經過應該分成兩個階段來看，也就是在他提供初步想法後，由公司同仁提出完整的企劃案給他。

透過此例做出觀察，（在董事長尚未如實道出真話前）公司員工完全成了上司經營牟利與獲取名聲（此卡與公益活動結合）的工具而已！員工遵照了上司的想法而執行身為員工的職責（完成企劃案），卻沒有因為完成了員工應盡的義務而被尊重，反而被利用為上司逃避指責時的擋箭牌，踐踏了履行義務員工的尊嚴。這便是「將人當成手段或者是工具」的意思。幾年前，調查局台北市調處偵辦教授開設密帳詐領補助款案，查出多所頂尖大學共逾 350 名教授涉案，在其中已調查完畢的 130 名教授中，竟有近 8 成的說詞一致，都將責任推給助理（指稱助理胡亂報帳），並辯稱自己並不知情，但由於因單據皆經由教授簽章，且助理供稱教授知情，市調處仍依貪污罪函送北檢偵辦。以上的行為若真的屬實，都是上司將下屬只當成是達成個人目標的手段或工具來對待，卻沒有尊重下屬作為一個理性者，並恪盡職責地在履行他應盡的義務。

近年來的台灣社會中，類似「將人當成手段或者是工具」的例子屢見不鮮，尤以在服務業中最為常見，一些偏執於「顧客總是對的」的消費者，不是趾高氣揚地將錢不禮貌地灑滿桌面，就是無法耐著性子聽完服務員解說便發火怒罵。這些行為都是沒有將其他的理性者，當作如你一樣是有尊嚴的人來對待。康德認為人擁有理性的這個特點，使得每一個人都應該被他人當成目的來對待。換言之，「把人當作目的」的意思便可從他人是「具有理性的」、是「如你我一樣能履行道德義務的行為者」，而該維護其人性的尊嚴並且得到我們的尊重，來做出適當的理解。因此，依據此目的自身形式對行為的準則所做出檢視，以怒斥服務人員的方式來維護自身（消費者）的權益，由於未尊重到服務人員的理性與尊嚴，該行為是道德上錯誤的行為。

對於目的自身形式的要求，可能會讓人產生一些誤解。此形式提出：在行為時我們對待人性的方式是，不論對自己或任何一個他人，絕對不能當成只是手段或工具，而永遠要同時當成是目的。那麼因為緊急的事，我隨手攔了一輛計程車，並告知司機我要前去的目的地，在此情況中，我是否將計程車司機當成了手段或工具來使用呢？是的，在此情況下，我的確是將司機當成了我趕赴其他地點的工具，這點是無庸置疑的。然而，承認此點並沒有與康德義務論中「永遠對於自己或任何一個他人當成是目

的來對待」此要求相衝突？這是爲什麼呢？因爲康德並不排除人與人之間的合作，他人對我而言具有工具性的功能，如例子中的「計程車司機」、被電話請來摘除蜂窩的「消防隊員」、通知校方總務處後被派遣來檢視教室冷氣的「校工」等等，他們爲我所提供的服務，協助我達到所追求的目標，他們就是我達成所追求目標的手段或是工具。然而，在他們提供完服務（他們的義務）後，我做了「付出我該給付的車資」、「眞誠地向對方道謝」等行爲（而不是「坐霸王車」、「喝叱對方爲何動作慢」等），我並沒有「只是」將他們當成是手段或工具來對待。在目的自身形式的要求中，「只是」這個但書極爲重要，儘管對方對於我所欲求的目標來說，是我所憑藉的手段或工具，但只要我們尊重對方作爲一個理性對象的尊嚴，沒有限制其自由或忽視其權利，就符合目的自身形式的要求了。

四、具有「道德價值」的行為

　　一個道德上「對的」行爲，就是值得我們給予稱頌讚揚的行爲嗎？在義務論的看法中，對於這個問題的回答是否定的。我們必須先決定一個行爲是對的，還是錯的之後，才能判斷它是否具有道德價值。也因此，「行爲的對錯」與「行爲是否具有道德價值」，在義務論的說法中是二類不同的道德評價。所以，對於該理論會提出「一個在道德上『對的』行爲並不一定具有『道德價值』」這樣的主張，我們就不用覺得太過於意外！然而，行爲是否具有道德價值該如何來做出判定呢？從康德所舉出的例子中做出歸納，大致上的說法是：一個行爲之所以具有道德價值，是因爲行爲者選擇做出該行爲的動機就只是爲了履行自己的義務。

　　在義務論的看法中，提醒我們注意到「好壞」與「對錯」的區別。不同於前述篇章中的效益論，傾向於主張「好壞」先於「對錯」，也就是說，我們必須先知道行爲結果的好壞，才能藉以決定該行爲的道德對錯。義務論則認爲，關於行爲「對錯」的決定，能完全獨立於結果「好壞」的判斷。簡單來說，儘管一個行爲所帶來的結果是相當糟糕的，也無損於該行爲在道德上的對錯評價。例如在電影《三個傻瓜》[7]（3 Idiots）中

7　2009年一部寶萊塢喜劇影片，改編自印度暢銷書作家奇坦・巴哈特（Chetan Bhagat）的處女作小說《五點人》（或譯爲《滿分的那傢伙》，Five Point Someone）。三個傻瓜（法罕、拉加與藍丘）一起進入了印度首屈一指的帝國理工大學，共居一室且結爲好友。在成績決定一切的學校裡，藍丘鼓勵法罕追求理想，去當一名野生動物攝影師，鼓勵拉加放下思想包袱，做眞實的自己，還勸說院長的女兒佩雅離開滿身銅臭的未婚夫。爲了說服拉加不要像死背硬記學習的模範學生查托一樣偏執，藍丘和法罕趁機竄改了查托的演講稿，使得他得罪教育部的重要來賓還有院長。受辱的查托於是跟藍丘打賭，十年後的今日再來比較誰的人生更爲成功。但就在畢業典禮後，藍丘失去了音訊。於是，二個傻瓜與查托開始了尋找藍丘的旅程。

的配角拉加（Raju），在應徵工作時，面對主考官們的提問，毫不掩飾地承認自己在校的成績的確不好，也直白地道出自己在求學階段心理上的缺陷（對競爭產生恐懼），連考官們都訝異地希望他能為了爭取工作而偽裝一下與修正其坦白的態度，對此拉加斷然地拒絕。如果拉加因此而未獲得錄取，原先家裡寄望於他改善經濟條件的願望便無法實現，但拉加的行為仍是道德上「對」的行為。除了此點外，拉加的行為還讓我們看到他是多麼地堅持「誠實對人（包括自己）」是一件他應該要去做的事，也讓我們看到他那具有道德價值的行為。相較於此，那什麼樣的行為是「對的」，但是卻不具有「道德價值」呢？讓我們看看以下的例子：

　　一位家境清寒的女大學生，在校園裡遺失內有四萬元註冊費的皮包，正當焦急尋覓時，一位同校的學姊致電表示撿到她的皮包。女大生要去領回皮包並當面致謝時，學姊竟在電話中向她索取「三成賞金」，若不給就要行使「留置權」[8]，拒絕將失物返還。但學妹家境清寒，這筆錢實在給不起，後因立委掀開此事，學姊見事情鬧大，酬金也不要了，只要學妹不透露雙方的身分。[9]

　　「拾物（金）不昧」是我們從事道德教育時經常舉的例子，目的是為了告訴受教者不要侵佔不屬於我們自己的財物，同時我們也會試著反問：「如果你是那個丟失物品的人，然而撿到的人卻不歸還給你，你的感覺會如何？」來檢視我們對此準則的確認。如同我們不願意他人在拾得我們所遺失物品時不歸還我們，我們也不應該做出類似的行為。因此，「拾物（金）不昧」是每個人都應該遵循的道德法則，是我們對於他人的義務。在上述的例子中，拾獲學妹註冊費的學姊並沒有違反「拾物（金）不昧」的要求，所以她並沒有做出道德上錯誤的行為。然而她的行為具有道德價值嗎？值得我們給予讚揚嗎？在回答這個問題之前，我們先試著從下列四類行為瞭解起[10]。

8　民法第 805 條：「遺失物自通知或最後招領之日起六個月內，有受領權之人認領時，拾得人、招領人、警察或自治機關，於通知、招領及保管之費用受償後，應將其物返還之。有受領權之人認領遺失物時，拾得人得請求報酬。但不得超過其物財產上價值十分之三；……前項報酬請求權，因六個月間不行使而消滅。第一項費用之支出者或得請求報酬之拾得人，在其費用或報酬未受清償前，就該遺失物有留置權」。民法 928 條「稱留置權者，謂債權人占有他人之動產，而其債權之發生與該動產有牽連關係，於債權已屆清償期未受清償時，得留置該動產之權債權人因侵權行為或其他不法之原因而占有動產者，不適用前項之規定。其占有之始明知或因重大過失而不知該動產非為債務人所有者，亦同。」由於此法規爭議過多，於 101 年通過民法第 805 條及第 805 條之 1 條文修正，將遺失物報酬請求權之金額「上限」，由原來規定為遺失物價值的三成調降為一成。若「拾得人未於七日內通知、報告或交存拾得物，或經查詢仍隱匿其拾得遺失物之事實」，不得請求前述之報酬。

9　參考自「撿到註冊費 學姊向學妹要報酬」，記者林政忠，聯合新聞網，2010/09/14。

10　參考自林火旺著，《倫理學》。台北市：五南出版，1999。頁 113-5。

（一）違反義務的行為

　　一般為人所熟知的嚴重違法行為，如殺人越貨、強盜搶劫等，或一些如貪小便宜、欺騙訛詐等只謀求自己私利的行為，明顯地都違背於我們作為人應盡的義務。而一個做出相反於義務行為的行為者，即便該行為替他自己帶來許多的好處與利益，但是在他選擇做出相反於義務行為的動機之中，絲毫看不到對於自身義務的考量與尊重，所以類似的行為是毫無道德價值可言的。近年來，台灣的黑心食品猖獗，做出傷害甚至於毒害消費者身體健康商品的商人，他們的所作所為就屬於此類在道德上錯誤，而且也毫無道德價值的行為。

（二）與義務相符合的行為，但是行為者對該類行為無所謂主觀的喜好

　　舉例來說，一個出身富裕家庭的小孩，總是見到自己的父母拿錢給在路邊乞討的乞丐。某天，小孩也依照父母的行為，將身上的零用錢也給了乞丐。「幫助苦難的人」是我們對於他人的義務，小孩的行為符合了此義務，但是他做出此行為的動機呢？如果只是模仿父母的行為，而沒有對「幫助苦難的人」此義務有所認識，小孩所做出的行為即屬於此類。再舉一例，在為了爭取自身權益的群眾運動中，參與者若沒有認知此運動的意義（關於爭取權益活動的主張、訴求等），甚至對於諸如此類的活動本來是漠不關心的，或者其動機只是出於對友人的義氣相挺，而不是為了「爭取自身權益」此義務而參與該活動，其行為並不具有道德價值。

（三）與義務相符合的行為，行為者對該類行為有著主觀的喜好

　　在上一類行為的例子中，如果小孩的行為是出自於「對父母的尊敬」（喜歡聽到父母稱讚他／她那麼做）、「喜歡看到他人的微笑」等等的原因，而不是以「幫助苦難的人」是他／她應盡的義務作為動機。那麼，該行為仍不是個具有道德價值的行為，因為他／她的行為並沒有直接出自為了要實踐「幫助苦難的人」此義務。在康德的例子中，基於利益而做到「童叟無欺」的商人，其行為就屬於此類。該商人的動機是為了達到「能獲得良好的信譽」、「避免與顧客產生糾紛」，以及「長期獲益」等目標，而不是以「童叟無欺」當作是自己應盡的義務而產生應該如此行動的動機。也因此，即便該名商人是位童叟無欺的商人，但卻並不是一位「好」商人，他的誠實行為並不具有道德價值。

（四） 與義務相符合的行為，行為者對該類行為並沒有主觀的喜好

在一個名為「What would you do?」的電視節目中有過這麼一段內容：「一位衣衫襤褸的流浪漢，有位女士帶他走進了餐廳並附上 20 美元，請託吧台人員能為這為流浪漢準備一些吃的東西。就在該名女士離開後，吧台人員的態度立刻 180 度轉變（此為節目設計的橋段）。不過，令人印象深刻的是，某位男士一進餐廳便開始跟著吧台人員應和與嘲笑著流浪漢，但是當吧台人員將流浪漢趕出餐廳後，該位男士卻反而自掏腰包買了份豐富的餐點，並親自走出店門口交給流浪漢。」這樣的反差讓我們注意到，或許這更能讓人確信這位男士正是為了履行「幫助苦難的人」此義務，而做出那個讓人驚訝的行為。對於陌生人，或者是此例子中的流浪漢，接觸他們多半是我們不太願意去做的事，有時我們甚至還避之唯恐不急。然而正是在此種情況下，還願意伸出援手給予協助的行為者，讓我們更能夠清楚地看到他們「為了義務而履行義務」的良善動機。因此，當行為者做出此類行為時，他們的行為是具有道德價值的，值得我們的稱讚與效法！

有了對上述四類行為的理解基礎後，讓我們回到那位拾獲學妹註冊費學姊的行為上，她的行為是具有道德價值的行為嗎？顯而易見地，該位學姊願意歸還學妹的註冊費，主要奠基於她熟知法律中所明確規範的「三成賞金」，而非以「拾金不昧」作為動機，來實踐她對他人應盡的義務。故而，她的行為較接近上述第三類的行為，儘管符合了義務的要求，但是其行為並不具有道德價值。

對於義務論來說，一個人選擇行為的動機如果是良善的，即所謂根據的是「善意志」（good will），即使因為某些緣故而無法達成目標，或甚至造成了不好的結果，都不會減損該行為所具有的道德價值，也不該受到我們的責備，反之，根據其他的意圖才選擇去做義務該做的事，儘管其行為能被給予道德上「對」的評價，然而卻不是個具有道德價值且值得我們稱讚的行為。

五、對義務論的評估

透過上述對於義務論的理解，讓我們看到了該理論所提出之道德法則的普遍性與公正無私，道德法則適用於類似情境中的所有人，並且以相同方式適用於所有人，沒有人可以因為社會地位、財富狀況等差異而要求被給予特別的待遇。具有理性的每個人都是我們應該尊敬的對象，儘管有好的理由（例如：為了促成社會整體效益的目的），也不能只被當成是工具或手段來對待。

義務論給了我們一套做人處事的道德指引，但是在該理論中也有著一些引人爭議的地方，例如康德主張，無論在任何情況下，「說謊」都是錯誤的行為。試想「數名蓋世太保[11]追捕妳的猶太人朋友到了妳家門口，他們敲著妳家的門，吼著你朋友的名字，並問著：『她是否逃到妳家了？』這時的妳該如何做出回應呢？」在這種情況下，堅守著「不說謊」是妳應盡的義務，但無疑地將會傷害妳的朋友。然而為了保護朋友而說謊，儘管得到了好的結果，卻有違我們的道德義務。這是義務論的難題，也是值得我們深入思考的好問題。透過這個例子似乎顯示出：在現實中，並沒有真正完全的，且又毫無例外而必須去履行的道德義務。如果基於保護或避免他人受到傷害的理由，抑或為了避免導致嚴重的災難，有時候說謊不但可以被允許，甚至是必要的行為。

　　此外，「一個行為是道德上『對』的行為，是我們應該要去做的行為，是因為該行為所依據的原則（道德法則），所有理性對象都會受到其規範。」此敘述中道出了道德法則的可普遍化（普遍法則形式）要求。在我們思考著自身所根據的行事準則是否能通過普遍法則形式的要求時，我們所採取的測試是：你所應該做的行為，你也願意他人對你也這麼做，如果你不願意他人對你做出的行為，那麼你自己也就不應該做。然而，這當中所蘊藏的主觀感受卻有可能帶來極為嚴重的後果。例如：南北戰爭前，美國南部各州因為棉花的豐厚利潤，故而加深了他們對於種植及奴隸的依賴，也因而認為「畜養黑人當奴隸」並無所謂不道德；納粹德國時期，猶太人被視為是低劣的民族，「屠殺猶太人」便是種族優越的德國人應該做的事。若普遍法則形式的要求，在很大程度上的確依賴著「就個人而言，你是否願意自己的準則，成為所有人都採用的行為依據」，那麼一些如「蓄奴制度」、「消滅異教徒」、「淘汰劣種人類」等我們視之為殘忍與不人道的行為，都有可能從利益追求者、種族歧視者等主觀感受而通過普遍法則形式的要求，而成為我們的道德法則。

　　學習義務論，也一併認識到該理論中可能存在的疑問，讓我們能更加深入地去省思我們的道德行為評判是否來自於合理的依據。我應該做道德上對的事情，而且是具有道德價值的行為，這是義務論讓我們看到身為理性對象的我們，展現自身作為人的尊嚴所在。「我該如何做？」義務論如同效益論一樣提供了指標，不同的是，不看重結果的優劣好壞，義務論將道德的核心關注放在「以義務為目標而履行義務」的行為上，也因此讓值得我們稱讚與效法的道德行為超越了利益的算計。

11　納粹德國時期的祕密國家警察（德語：Geheime Staatspolizei，縮寫：GESTAPO，漢語音譯為「蓋世太保」）。在納粹德國時期，成千上萬的共產黨人、左派人士、異議份子、反抗軍及猶太人等都未經法律程序而被蓋世太保送入集中營，其中大多數人均遭受到拷問、虐待，甚至是處決。

第七章
德行論

緒論

　　經過前兩章的介紹，你已經瞭解「義務論」和「效益論」兩個倫理學理論。這兩個理論強調「責任」以及「原則」，並將它們視為道德判斷的核心。在這兩個倫理學理論中，它們提問「何種行為是正確的？」換言之，它們探問我們「應該」做什麼「行為」是「對」的？或者告誡我們「不應該」做什麼「行為」。但聰明的你可能疑惑於這些倫理學理論似乎較關心外在「行為」，而忽略人的內在「品格」。是的，這些學者們發展出各種理論，但這些理論並不關懷人的內在品格，只討論行為的正確性（rightness）問題。例如：效益論者認為正確的行為就是能提升最大多數人的最大利益或快樂，主張康德義務論者認為人應該做的行為就是遵循人的善意志所形成的普遍法則的規則，並在任何情況下都遵守那些規則。這些倫理學理論重視「行為」是否符合規範，卻不太重視「行為者」本身的氣質傾向（disposition）以及性格特性（traits of characters）。

　　德行論[1] 起源於古希臘時期的柏拉圖（Plato, 427B.C.-347B.C.）與亞里斯多德（Aristotle, 384B.C.-322B.C.），曾經是古希臘時期重要的思想學說，他們追問：「何種德行使人成為好人？」但德行論在中世紀以及文藝復興時期逐漸沒落。中世紀的哲學家們討論德行議題時，通常在「神的律法」（Divine Law）的脈絡下進行，服從宗教戒律成為核心。文藝復興之後，神的律法被其他世俗的對應者取代，稱為「道德律法」（the Moral Law），道德律法是一個規則體系，界定何種行為是正確的，而作為道德人的責任，乃是服從道德律法的指示行動。到了當代，部分倫理學家認為不能過分強調外在行為的對錯，應該回到人的內在本質的培養，因此呼籲我們需要回到亞里斯多德的倫理思想中。但目前強調德行、品格重要性的德行倫學者們仍未共同確立一套大

1　本文之理論內容主要參考：林火旺，《基本倫理學》，台北：三民書局，2013 年；汪子嵩等著，《古希臘哲學史第三冊》，北京：人民出版社，2003 年。

家都能接受的固定學說，與其他義務論、效益論之類的倫理理論相較，德行論仍未成為完整的學說。因此，在「德行論」這一章的討論中，我們將著重於對亞里斯多德德行論思想的說明。

在本章中，我們想藉由四個部分讓你掌握亞里斯多德德行論的基本內涵。第一個部分，我們將探討倫理學家們開始重視德行的理由；第二部分，我們將告訴你亞里斯多德認為「幸福」的內涵是什麼？第三部分，將讓你明白在亞里斯多德眼中有那些品格德行是值得培養的；第四部分，也是最重要的部分，如何培養優良的品格德行[2]。

補充知識	亞里斯多德出生於西元前 384 年的希臘斯塔吉拉（Stagira），他的父親尼各馬可（Nicomachus）是馬其頓國王的御醫，這一背景影響著亞里斯多德在研究上偏重於自然與經驗科學的傾向。他 17 歲時來到雅典，在柏拉圖學院（Academy）跟隨柏拉圖學習長達 20 年之久。 亞里斯多德非常敬愛他的老師柏拉圖，儘管他如此敬重他的老師，但這並沒有影響到他對追求真理的堅持，他曾有一名言：「吾愛吾師，吾更愛真理」。在他思想的前期受到柏拉圖深遠的影響，但後來他對柏拉圖學說產生懷疑，進而對柏拉圖的理論展開批判和修正，建立起自己的學說。 現存亞里斯多德倫理著作主要有三部：《尼各馬可倫理學》（Nicomachean Ethics）、《優臺謨倫理學》（Eudemain Ethics）和《大倫理學》（Magna Moralia）、另外還有一篇短的論文〈論善和惡〉。尼各馬可既是亞里斯多德父親的名字也是他兒子的名字，優臺謨則是亞里斯多德親近的學生，《尼各馬可倫理學》、《優臺謨倫理學》這兩部著作可能是他的兒子和優臺謨分別編定的。

一、你相信品格測試嗎？

在以往的經驗中，我們通常相信一個具有誠信的人，應該是可以信賴之人，也可能是忠誠於公司的好員工，因此雇主往往希望招聘具有良好誠信品格的員工，特別在金融相關產業中更是如此。為了蒐集到應徵者的人格及道德操守等相關資訊，企業主往往會採取不同的測試方式面對應徵者，像是利用測謊器來測試應徵者的誠實程度。除了測謊器之外，有些公司也會採取性向測驗或誠實測驗等方式進行判定，下列是一個由史丹頓公司所設計出來的誠實測試問卷（honesty test）：

2　「德行」（Virtue）這個詞語對古希臘人而言有多重的意義。在亞里斯多德的思想中也是重要的一個詞彙，它指涉許多品質，不完全只有道德意涵。當古希臘人說：「某人擁有德行」，則指他精於某事，例如：技術精良的工匠、醫師，都可以說是具有德行。為了避免讀者誤會，且合於中文的語境，本文使用「德行」一詞時，主要指涉各種較不具有道德性的品質；而具有道德意涵之德行則主要使用「品格」、「品格德行」，以此作為區隔。

誠實測試問卷 [3]

1. 如果你的小孩把一件從超級市場偷竊的東西帶回家，你是否會做以下
   行為？   是 / 否

   A. 帶他返回該超級市場   ☐ ☐

   B. 跟他詳談   ☐ ☐

   C. 囑咐他將所偷的東西歸還超級市場   ☐ ☐

   D. 不做 A 至 C 的行動   ☐ ☐

        是 / 否

2. 如果你親眼看見有人在工作間偷竊，你是否會向上司報告？ ☐ ☐
3. 你做了一些不誠實的事後，是否會憎惡自己？ ☐ ☐
4. 對你來說，被他人信任是否是一件很重要的事？ ☐ ☐
5. 現在你是否經常於工作中偷竊？ ☐ ☐
6. 你是否曾經被同事教導怎樣欺瞞公司？ ☐ ☐
7. 你是否認為偷竊的人之所以偷竊，因為他們以往慣於偷竊？ ☐ ☐

以上問題，目的是量度一個人偷竊的意願。如果對第一條問題的答案是 D 的話，這表示你會有不誠實的行為，因為你默許你的小孩的偷竊行為。如果你對 2、3、4 的答案是「否」的話，這表示你會支持不誠實的行為；對 5、6 的答案是「是」的話，表示你有可能與其他人一樣，傾向不誠實；對 7 題如果答以「是」的話，你可能為不誠實行為找藉口。

     是 / 否

8. 當你犯了錯，你通常會承認？ ☐ ☐
9. 你是否曾經關心別人怎麼看你？ ☐ ☐
10. 你在學校是否曾作弊？ ☐ ☐
11. 你是否曾經想過無緣無故欺騙他人？ ☐ ☐
12. 你是否曾經對老師或警察說謊？ ☐ ☐
13. 你是否曾經偷取你雇主的任何東西？ ☐ ☐

---

3   這份問卷採自葉保強，《金錢以外─商業倫理透視》，台北：台灣商務印書館，1995 年，135 頁。其又引自 1986 年 5 月 5 日的《新聞周刊》（Newsweek）。筆者則對其中文字之翻譯稍微進行改動。

對 8 的答案是「是」，對 9 至 13 題答案如果是「否」，表示你可能在說謊，目的是改變測試的結果。絕大部分的測試假定了對瑣碎事件的一些微不足道的不誠實，或一時不誠實的想法，因為這是人之常情。

	是 / 否
14. 你是否經常完全老實？	☐ ☐
15. 你是否曾想過在某地方偷取一些東西？	☐ ☐
16. 你曾否在過去工作中犯過錯？	☐ ☐
17. 你是否相信欺騙他人比偷錢行為更惡劣？	☐ ☐
18. 你是否希望成名？	☐ ☐
19. 你是否認為自己有時太誠實？	☐ ☐
20. 你是否認為每一個人都有某種程度的不誠實？	☐ ☐
21. 你是否認為「小時偷挽匏，大漢偷牽牛」？	☐ ☐

在測試中，17 ～ 21 屬於無特殊意義的「補白」問題，怎樣回答這些問題都不會影響測試結果。

你可能已經認真地完成了以上的問卷，假設你是人力資源部的經理，請你試圖思考以下幾個問題：

1. 你是否較相信測謊器或誠實測試問卷所測量出來的結果呢？
2. 你認為這些測試的結果可靠嗎？可以測量出具有誠實品格的員工嗎？
3. 你能否提供出較為適當的測試方式，替公司找到合適的人呢？

■ 補充知識	測謊器（Lie Detector）的工作原理是通過衡量受試者的心跳速度、呼吸強度、體溫和出汗量的微小的生理變化來判斷他是否說謊。因此測謊的準確率通常可達到 70%～90% 的正確率。在提問的過程中，一般會先提問姓名和住址等中性的問題，然後再提問相關的問題。美國的零售商店、賭場、證券交易所、銀行機構以及政府的情報機構在錄用員工之前都會使用測謊器。因為這些組織的員工或者需要掌握大量的現金，或者工作內容涉及機密文件，因此員工對組織的忠誠非常重要，不過目前美國很多地方的法律都禁止使用，即使可以使用，也不能強迫應徵者接受[4]。

4　廖三余等，《人力資源管理師》，北京：清華大學出版社，2006 年，136 頁。

你可能不太同意使用測謊器進行品格測試，你會說：測謊器的測試結果不具備有可靠性，例如：在法院審理證據時，測謊結果並不被視爲直接證據，況且對於容易緊張的人而言，測謊機在判別的效度上更值得疑義。你可能也不會同意誠實問卷的測試結果，爲什麼呢？顯而易見地，這份問卷只容許回答「是」與「否」，且我們通常同意，擁有道德知識，明白道德規範，瞭解道德原則的人，未必會實踐這些道德知識，即使他偶爾執行了對的道德行爲，我們也未必能確認他是否眞的是一個誠實的人。你可能常常在職場上發現，有人滿口仁義道德，但卻心口不一，幹盡天理不容的壞事；也常常發現有人沽名釣譽，在團體中是一個大善人，但內心卻可能對職場環境、同事、長官大大抱怨。此外，每一個人因爲生活背景的差異，有時對「誠實」的定義在理解上可能有所不同，因此用一個統一的標準問卷進行測試，或許可能找出理解「誠實原則」、「誠實知識」的員工，也或許可以找出與公司高層對「誠實」定義理解上相吻合的人，但能否找到眞正具有「誠實品格」實踐能力的人，這一問題則是值得再思考的。

　　類似這樣的疑問也發生在現代倫理學家的反省中。在近代的倫理道德理論中，例如：義務論、效益論過分地強調「人應該遵循那些義務」、「人應該負擔起那些責任」、「人應該符合哪些道德原則」，例如：效益論者過分地強調行爲結果帶來的正向價值效益，完全忽略「行爲者」執行行爲的「動機」。這些規範式倫理學理論相當強調「應該」做什麼「對」的行爲，這些規範成爲一種道德指標，希望每一個人在指標下進行「對」的行爲。但誠如上述的道德測試的例子，有些人知道什麼是「對」的行爲，所以他們在測試中往往選擇符合於社會規範的要求，以此證明他是一個誠實的人。但你可能在心裡懷疑他是否眞是一個誠實的「人」，抑或是他只是懂得什麼是「對」的「事」。這樣的事件也常常發生在各個大學入學面試考試中。在一場醫學系入學考試中，經過嚴格的筆試考試，最終有 30 名學生進入第二階段的考試，面試官設計了許多問題提問這些學生，這些面試官想從這些學生中挑選出具有「熱情」、「關懷他人」、「不畏利益吸引」、「專注醫學技術」等特質的學生，但坊間補習班往往具有穿透這些面試官想法的能力，爲學員們設計出一套套應考回應的方式以及面對各種情境考試時的行動表現方式，這讓面試官感到爲難，因爲回答得出理想答案的學員就眞的具有成爲好醫生的特質嗎？眞的能成爲具有「醫德」的好醫生嗎？聰明的你，應該已經有了答案。而你心中的答案，正也是德行倫理學家對強調規範式倫理學家的提問。

　　近二、三十年來，越來越多的倫理學者不滿意只關注外顯的行爲與倫理義務、原則是否相符合，卻不在意行爲的動機是什麼，行爲者的氣質傾向是什麼，部分倫理學

者重新重視「行爲者本身是什麼樣的人」的問題，甚至主張回歸亞里斯多德的思維方式[5]，也就是重新思考品格、幸福的生活及生命的目的（telos）等幾個基本的概念，倫理學家們主要希望藉由追問：「我要成爲什麼樣的人？」、「我的生命目的是什麼？」、「如何過幸福的生活？」，協助我們反省自己的倫理生活，而不是解釋我們的倫理行爲的對錯。在德行倫理學家眼中，知道知識、道德義務與原則並不能確保你成爲一個有良好品格的人，而偶然地做了對的行爲也不能確保你是一個有德行的人。倘若你能不斷地反省自身的行爲，繼而矯正不適當、過於偏激的行爲，進而培養自身的氣質，例如：培養自身的慷慨、大方、仁慈、體貼等等的氣質，並讓這些德行成爲你生活的一部分，那在德行倫理學家眼中，你可以算得上有德行之人。

二、秋山應該離職嗎？

　　秋山篤藏是秋山家的二子，成天吊兒郎當過生活，做什麼事情都只有三分鐘熱度，他曾經立志要當劍道老師、軍人、米市投機商，甚至最後還打算皈依佛門當和尚，但沒有耐心的他，對於需要一再重複做的工作常常感到無趣，以至於一事無所成，甚至被鄉里的人嘲笑是個「蠢人」。直到有一天他碰巧有機會品嘗到東京泰西軒任職的廚師田邊祐吉所做的炸牛肉排，大感驚奇，對西式料理感到無比的興趣，決心踏上東京學習西式料理。在接觸食材的過程中，秋山發現自己有一個敏感的嗅覺系統，也加深了他學習的信心。他來到了東京華族會館學習西式料理，並且從清洗鍋碗瓢盆、打掃環境做起，但秋山沒耐性的脾氣又升起，無聊的工作又使他興起放棄的念頭，但經過主廚宇佐美的開導，讓秋山體認到與其將廚房雜物當作一份工作，不如就懷著誠心觀察、學習其他廚師的需求，那麼平凡的工作也會變得有趣。這時的秋山逐漸以「誠心」面對他的廚師工作，也愛上了這份工作，努力想做好這份工作。

補充知識	主廚宇佐美的一句話感動了秋山：「料理需要誠心，技術可能有不及之處，食材可能有不合意的時候，但只有誠心是自己隨時可以拿出來的，把指甲磨短，認真的洗刷鍋子，刷盤子磨刀，這些事情是實在地做就能做好的，連這些事情都做不好的人，是不可能做出好菜的。」

5　對近代倫理學開了第一槍的是安絲孔（G.E.M Anscombe）於 1958 年在《哲學》這個學術期刊裡發表了一篇名爲〈近代道德哲學〉（Modern Moral Philosophy）的文章中所提出。安絲孔主張：近代道德哲學的方向錯誤，因爲其所倚賴的無立法者的「法律」（a "law" without a lawgiver）之觀念並不融貫；而近代道德哲學家們所關注的那些概念，諸如義務、責任和正確性，也都和這個無意義的觀念有著內在的關聯。因此，安孔絲認爲，我們應該停止思考義務、責任和正確性的議題，並且回歸亞里斯多德的取向。（James Rachels 著，林逢祺譯，《道德哲學要義》，台北：桂冠叢書，2010 年，244 頁）

好景不常地，秋山的熱忱惹怒了二廚荒木。因為秋山努力地學習，使得他很快速地從一個廚房小雜工，晉升到負責蔬菜部門的廚師，這晉升的速度遠遠超越正常廚師的晉升程序。這下惹怒了荒木，荒木接二連三地在職場上阻撓秋山的廚房工作，利用職權挑他毛病，這讓秋山感到不愉快，甚至有些痛苦。他甚至頂撞荒木二廚，指責荒木的錯誤，以至於他們之間的關係越來越糟。他正在思考要不要離開華族會館，或者忍辱下來繼續待在華族會館跟隨宇佐美大廚學習。

　　秋山碰到的難題，也可能出現在你的職場上。因此，假如你是故事中的秋山，你將如何選擇？放棄廚師工作？離職？或者留下來繼續精進手藝？或者，你可以有什麼樣的態度或思考來面對這一問題呢？

<aside>
補充知識

秋山篤藏的故事取自《天皇的御廚》（天皇の料理番），改編自日本作家杉森久英於 1979 年出版的傳記小說。這本傳記小說主要講述日本宮內省料理長秋山德藏青年時期立志成為廚師的故事。TBS 電視台將其改編成連續劇。
</aside>

　　在職場上，你必然會遇到一些不如意的事件，同事不好相處、搶功勞；主管無擔當，只出一張嘴而沒有行動力；顧客或消費者要求太多、抱怨太多等，職場壓力擠壓著你對工作的熱情，有時你可能會過分生氣而選擇離職。案例中的秋山遇到相同的情況，若脾氣有點火爆的秋山可能會說：「不爽不要做，換個新工作就好。」但想要精進廚藝的秋山可能會說：「我喜歡這份工作，主廚宇佐美又對我那麼關心，繼續跟著宇佐美學習對我是有幫助的。」此時的你必定左右為難，畢竟一方面你不願意待在這麼惡劣且讓你痛苦的職場，但另一方面你又相當喜愛這份工作以及感謝帶領你的主廚，這時的你應該怎麼辦？當然，在不同的倫理學派對這個案例可能會提供不同的看法，而亞里斯多德的德行論也為這個問題提供出了看法，但有趣的是德行論不只是把問題留在「我應該離職」或者「我應該留下來」這兩種觀點的選擇，它提供了一種新的角度讓你重新思考這一問題，德行論者會先詢問：「人生的目的是什麼？」

（一）人生的目的在於「追求幸福」：秋山的人生目標是什麼？

　　在探討亞里斯多德德行論怎麼回應秋山是否應該離職的問題前，我們必須先瞭解亞里斯多德思想中帶有「目的論」傾向的思維方式。**亞里斯多德的思想體系帶有濃厚的「目的論」色彩，這也深刻地影響著他的倫理學體系**，他在《尼各馬可倫理學》第一卷第一章開始即提到：「各種技藝、知識、行為和考慮都以某種善為目的。因此說善是一切事物所追求的目的，是正確的。」換言之，亞里斯多德認為，人類的任何活動都有其目的性。例如：醫學技術以健康為目的；造船以建造完成船隻為目的；理財的目的是為了發財；秋山待在華族會館以學習精進的西方料理為目的。人類的每個行為與選擇等活動都有其目的性。

但在這裡必須提一下，亞里斯多德的「目的論」與近代倫理學中功利主義討論的「目的論」是不相同的。亞里斯多德單純地認為每個事物的存在都有自身目的，每個事物都有自身固有而他物卻沒有的特性、品格、用處和功能，像是馬的奔馳能力是鳥所沒有的，而鳥的飛翔能力也是馬所缺乏的。因此每一個事物都有自身的目的，若能將事物自身的能力發揮而完成目的，就是「善」（幸福）。例如：鳥將飛翔能力達到完美就可稱為善，而這種目的論不為了功利，而是為了事物本身的卓越。雖然這種「目的論」的想法相當簡樸與天真，但你可以試著想想，你每個行為、選擇是否都有目的，即使你單純地發呆，其目的也是為了讓自己放鬆或逃避，從這個角度思考「目的論」，就能體會亞里斯多德思考的方式了。

但你可能會提問：如果人類的每個活動都有其目的性，那麼完成船隻的目的是什麼？發財的目的是什麼？健康的目的是什麼？對於這個問題，亞里斯多德認為「目的」是有層級的，有些「目的」是為了達成另一個更高目的的「手段」，有些目的雖然不同，都可能是為了同一個主要的目的。「理財」的目的是為了「發財」，「發財」的目的是為了「過好生活」，因此「過好生活」這個目的高於「發財」；「造船」的目的是為了「完成船隻」，「完成船隻」的目的是為了「行船」，因此「行船」這個目的高於「完成船隻」；「醫術」的目的是「健康」，「健康」的目的是為了「過幸福的生活」，因此「幸福的生活」這個目的高於「健康」。

那麼聰明的你，可能開始提問：這些環環相扣的手段與目的序列，有沒有一個最終的目的呢？亞里斯多德提供了一個論斷，他認為：有一個存在的目的是所有行為或選擇的共同目的，這是所有行為的最終目的，也就是**最高的善**[6]。那你可能繼續提問，人生究竟有沒有最終目的呢？亞里斯多德認為，如果你不斷追問每件事情的目的：「我們為什麼要從事這個行為？」、「這個行為本身有什麼目的？」一個能審思慎想或對自己行為具有反省能力的人，都將會推導出一個終極的目的，這個答案就是「幸福」。**人生最終目的在於追求「幸福的生活」**，而且這種「幸福」並非短暫的幸福感，不是喝酒後微醺的幸福感，不是搶購到波多野結衣悠遊卡後的幸福感，亞里斯多德所提的幸福是從人「整體生命」（life as a whole）的角度作為行為的指引。因此，你可以思索，你所進行的每個行動、選擇是否都讓自己朝向著使你人生更幸福這個目的而努力。

6　我們必須釐清一下亞里斯多德所謂「善」的意涵。在《尼各馬可倫理學》從第一卷開始至第三卷第五章是倫理學總論，主要討論善（希臘文：agathon；英文：good）和德行（希臘文：arete；英文：virtue）的問題。Agathon 是個價值概念，希臘人認為任何好的東西都是 agathon，中文的「善」卻沒有這樣廣泛的意涵，只有在道德上好的才稱為善。所以亞里斯多德將擁有財富、榮譽都稱為 agathon，但在中文語境中，我們則常使用「好」，但卻不會使用「善」。因此亞里斯多德所提到的「善」意涵較為廣泛，擁有財富、榮譽都可以稱為是「善」，發展、完善自身的能力朝向人生目的也可以稱為「善」，擁有好的品格也可以稱為「善」。

　　亞里斯多德對人生以追求幸福為目的的看法，是否提供你對「秋山離職」這一案例新的啟發呢？如果你是秋山，你或許可以開始詢問自己：「我思考過自己的人生目的嗎？」、「我有哪些人生目標呢？當廚師是否是我的人生目標呢？」、「我當廚師的目的是什麼呢？想學習更多西方料理嗎？」、「學習西方料理的目的是什麼呢？喜歡學習、品嘗新料理嗎？」、「喜歡學習、品嘗新料理的目的是什麼？因為當下我感覺到幸福、快樂嗎？」、「我想要讓這個幸福的感覺延續下去嗎？」你如果經過了一連串的思考，仍舊認為學習、製作西方料理讓你感覺幸福，那麼亞里斯多德會告訴你，你確實非常喜歡西方料理廚師這份工作，那麼不管如何，你都應該繼續學習西方料理。

　　進一步地，你可能會思考：那我是否應該繼續留在華族會館還是到其他的餐館學習呢？你可以繼續追問自己：「待在華族會館的目的是什麼？因為宇佐美大廚的手藝相當好且願意教學徒而不藏私？因為華族會館的西方料理是著名的？」、「在著名的西方料理餐廳跟隨宇佐美大廚的目的是什麼？因為跟隨他能精進我的料理手藝？」、「跟隨宇佐美大廚精進我的料理手藝的目的是什麼？精進料理手藝讓我感到長久的幸福、快樂。」經過你審慎思考你的每個行為的目的，你或許就能找到一些自己認可的

選項與答案。我們猜測，你有絕大的可能會選擇繼續留在華族會館，儘管有個讓人討厭的二廚荒木，但宇佐美大廚的廚藝與教學熱忱卻很可能是你選擇留在華族會館的主因，因為宇佐美大廚可能會協助你達成你人生的目標。當然，你可能也會考量，我可以換個餐館學習西方料理，不一定需要留在華族會館。是的，這也可能是一個相當好的選項，但亞里斯多德會建議你，仍需要以「目的論」的思考方式對行動進行審慎地思考，確保這樣的選擇能達到你人生的目標，且讓你感覺到長遠的幸福。

值得一提的是，亞里斯多德釐清了一般社會大眾對幸福性質的誤解。他指出一般大眾把幸福等同於明顯的東西，例如：快樂、財富或榮譽，而且即使是同一個人對於幸福的意義也會不斷改變其心意，生病的時候認為健康是幸福的；貧困時則認為財富是幸福的，但亞里斯多德認為這都是對幸福的誤解。追尋短暫感官享樂的快樂並非真正的幸福，財富是為了追求我們真正想要的東西的一種手段；至於榮譽比較依賴給予榮譽的人，而不是得到榮譽者。所以幸福本身只能是幸福自身的目的，幸福不能是以其他任何東西為目的，我們無法詢問「幸福的目的是什麼？」、「何以應該期待一個幸福人生？」，因為幸福的性質是「無條件的完整」（unconditionally complete）與「自足的」（self-sufficient）。

（二）幸福在於發揮自身的「功能」：秋山留在華族會館將擁有幸福人生嗎？

亞里斯多德告訴我們，人生的終極「目的」是追求「幸福」。你應該不會否認這個答案，戲劇中主人公有著幸福美滿的結局似乎能吸引更多人的目光。但你可能有些疑惑，到底什麼是幸福？聰明的你可能會詢問：每個人認知的幸福生活都一樣嗎？有人喜歡工作帶來的成就感，在努力工作的過程中感到幸福；有人喜歡家庭生活，在陪伴家人與孩子的過程中感到幸福……對於「什麼是幸福人生」的問題真的有標準答案嗎？然而亞里斯多德透過類比的方式，藉由指出「事物本身的善在於完善自身的功能」說明「幸福人生就是發揮自身的能力」，而這種觀點似乎不再只是指出幸福的「個別意義」，而是為幸福提供出了「普遍意義」。

亞里斯多德認為每一樣事物都有自身的「功能」，而**任何有機體的幸福在於實現其特殊能力，完成它的「目的」**。例如：杯子的功能是裝水、電燈的功能是照明、筆的功能是書寫，每一樣事物都有其「功能」，發揮其功能就是完成它的「善」（好）。一個杯子若能裝水，那它就發揮它的功能完成它的目的，它就是一個「好杯子」，但若一個漂亮的玻璃杯稍有裂縫，儘管這個杯子再漂亮，因為無法發揮杯子自身的功能，

那就不是一個「好杯子」。以此類比，人類的幸福在於依照自身德行（自身專精之事）運作其能力，如果一個人有許多德行，則依照其中最佳且最完滿的德行。亞里斯多德認為人的每個職業都有它的功能，例如：醫生的目標是健康，好醫生就是具有高明的醫術，並使病患恢復健康；優秀的音樂家就是能演奏出優美旋律的人；好的髮型師就是能依顧客容貌設計出適合髮型的人。因此你若能竭力的發揮自身之所長，使這個能力發展至卓越，對亞里斯多德而言，這樣的人生是幸福的。反之，若一個人缺乏德行（自身專精之事），表示他沒有充分發揮人的能力，沒有實現作為一個人應有的功能，那對亞里斯多德而言，這個人必然不可能幸福。

■ 補充知識

亞里斯多德認為，一個人如果發揮他作為人的功能，那這個人就得到最高的善，也就是一個幸福的人了。那麼人作為人是否有「人」共有的功能呢？人特殊的功能又是什麼呢？亞里斯多德認為人的功能特點就是「理性」（reason）。人因擁有理性而能思考、分析、歸納、判斷，甚至找到大自然的運作規則，這些都是人特殊於其他生物的能力。所以亞里斯多德認為，表達理性或遵守理性的心靈活動，就是人的功能。從普遍性的角度來看，人若能發揮「理性」的功能，才能得到真正的幸福。

回到秋山的案例中，我們可以再從「功能」的角度再次提問「秋山是否需要離職」的問題。如果你是秋山，你或許可以再次詢問自己：「在先天與後天的能力上，我是否具備哪些較特殊的能力？」「這些能力是否足夠勝任廚師的工作？並且能將廚師這份工作發展至極致？」在現實的情況中，秋山似乎天生擁有較好的嗅覺，且在參與了眾多的工作後，他似乎對廚師這份工作感到興趣，也樂於學習，似乎在學習的過程中也逐步受到主廚宇佐美的肯定獲得提拔。在此，我們幾乎能確定秋山不論在本身的能力或對廚師工作的滿足感上皆適合廚師這份工作，似乎繼續留在華族會館學習對秋山而言是幸福的。反觀荒木二廚，依照亞里斯多德德行論的觀點，荒木二廚必定不是幸福的人，作為廚師的他似乎不太專注於對料理的精進，而在意的是其他人的升遷以及欺負新進員工和不順眼的人，成為好的廚師工作顯然不是他人生的目標，而他卻在此虛度光陰，又怎麼能稱得上幸福呢？

（三）幸福由自己掌控：秋山需要為自己做些什麼？

面對「秋山是否繼續留在華族會館」的問題，我們似乎仍停留在秋山本身的德行問題，德行包含：他的人生目標、能力、意願上，然而秋山在華族會館遇到最大的問題是他的主管—荒木二廚似乎不太喜歡他，常常阻撓秋山的學習與工作。而這似乎是職場上常常遇到的問題，你可能相當熱愛你的工作，但卻有一些阻撓你成長的同事或

主管。因此秋山似乎還需要關注另外一個問題：「在華族會館待下來能發揮我的所長嗎？」這確實是一個棘手的問題，儘管亞里斯多德認為人類的幸福在於依照自身德行發揮其能力，但現實的情況是，你也必須思考你所在的地方是否能讓你發揮所長呢？面對外在環境的不如意、機運的不順遂可能會影響自己發展幸福等問題，亞里斯多德也提出了他的看法。

儘管亞里斯多德主張「一個值得過的幸福生活是根據最完滿的德行而生活的」。面對這樣的說法，你可能稍有疑惑，難道一個擁有完滿德行的人就能夠過著好生活嗎？但現實的生活中，你似乎常常看到有些人自身擁有好的能力、擁有好的腦袋、擁有善良的品格，但最終卻因為外在環境的因素而無法發揮長才。就如同即使秋山那麼熱切的想要完善、精進自己的料理能力，但荒木二廚仍使勁地阻撓。亞里斯多德並不否認外在環境的好壞將影響一個人過幸福的生活。他認為：德行是一種內在善，但幸福也需要外在善，因為執行高尚的行為需要資源，許多行為需要朋友、財富和國家權力的協助，所以他承認一個人幸福與否有一部分是基於機運，也就是說運氣的好壞會影響一個人的幸福。

雖然亞里斯多德也同意機運的好壞將影響一個人的幸福，但卻認為幸福應該是牢固的，擁有德行的人會有能力克服不好的機運，他認為人的命運是常變的，而幸福應該是牢固不變的，一個人如果聽憑命運擺布，便只能一會兒倒楣，一會兒幸福，這種幸福是空中樓閣。所以他說機運有大有小，小的機運微不足道，**大難雖然會破壞幸福的生活，在厄運中美好的東西仍會投射出光輝，具有德行的人擁有智慧對巨大的壞機運也能泰然處之。**真正好的明智的人不會去做卑鄙下流的事情，他們會善用一切機運，從現有條件出發，盡可能做好事情，正如一個將軍善用部隊以寡擊眾。在亞里斯多德看來，一個人擁有德行並不能保證他會得到幸福，但缺乏德行的人必然不幸福（**德行不是幸福的充分條件，但卻是幸福的必要條件**）。

根據亞里斯多德的論點，一個人幸福與否主要還是掌握在自己手上，一個人如果要活得幸福，就必須培養自己的德行且努力實踐德行。儘管機運的好壞會影響幸福，但具有德行的人也具備了處理和面對不幸遭遇的能力。回到「秋山是否離職」的案例中，你若是秋山，經過了前面幾個階段的審慎思考，你仍滿懷信心的確認自己想成為廚師，且也願意留在華族會館跟隨宇佐美大廚學習。那我們也將相信你有能力克服荒木二廚帶給你的麻煩與阻礙，你或許能考量不同的方法對待荒木二廚，例如：盡可能

地對荒木二廚釋出善意，分擔協助荒木二廚的工作量，贏得荒木的友誼；或者盡量避開荒木二廚的騷擾，做好自己的事情；亦或忍辱爲了學習等，這些都是面對不佳的外在環境或者機遇時，你可以考慮的辦法。但重點在於，當你確認了你的目標，你就必須堅持不忘初心的完成它！

讀到了這裡，你可能有些困惑，亞里斯多德的德行論似乎沒有提供出一個「正確」、「對」的答案給你，讓你知道秋山應該離職或者留下來。事實上，「德行論」並無法提供你任何「行爲」對錯的判準，無法告訴你怎麼做才是對的，它無法對你的「行爲」進行道德指引。但你可以發現，德行論不斷地要求你對自己的內在提問，德行論要求你時時地反省你自身的想法、你自身的能力等，當你發現你偏離了你內在的想法、你的人生目標時，就需要加以改進朝向完善，讓自己活得幸福。

三、培養品格德行與中庸之道

經過上面的探討，你可能開始對「德行」這個詞彙感到疑惑與好奇。「德行」這個詞彙在你的理解裡可能代表的是一種「品格」或者「人的善良、道德本質」，例如：阿明是一個誠實的人、阿嬌是一個善良的人，但在前面幾個小節中，「德行」彷彿又是爲完善事物之目的的能力。這些確實都是古希臘人所理解的「德行」。亞里斯多德明確的將「德行」區分爲三種：(1) 身體的德行 (2) 知性德行（intellectual virtue）(3) 品格德行（moral virtue）。「身體的德行」指的是姣好的面貌、健康的身體等軀體上的美善；「知性德行」則是指思考的技能，如：善於規劃、易於掌握問題的重點等；「品格德行」指的是勇敢、仁慈、慷慨、大度等等人的內在道德品質。事實上，「品格德行」應該是一般大眾在提到「德行論」最直接聯想到的部分，一般大眾在使用「德行」時往往指向「道德方面的品格、品行」，對亞里斯多德而言，這只是「德行」的一個小部分而非全部，但卻是極爲重要的一部分。

你可能在某些新聞媒體、評論中看到批評現代人「道德淪喪」，你可能會思考那現今我們的社會到底需要哪些「品格」？在不同的時代皆有各自崇尚的品格，過去與現代社會所認同的「品格」內容都有所差異，不同社群間所認同的品格也有所差異。品格德行的應用必須先接受道德或社會生活的某些樣貌，再依據這些樣貌定義和解釋。例如在古希臘時代，「勇敢」是最受人稱道的一種品格德行，在古希臘的史詩中描述了許多英雄人物們行爲上的弱點，但因爲他們的勇敢便受到希臘人們的崇拜。然而現代你可能不再認同「勇敢」是最重要的一種品格，而「慷慨」、「大方」似乎顯得更

為重要，例如：陳樹菊女士以賣菜為生，雖然生活並不富裕，卻慷慨、大方地將賣菜部分所得長年地捐助弱勢、協助建蓋圖書館等。她的善行受到國際肯定，獲頒「拉蒙 · 麥格塞塞獎」（Ramon Magsaysay Award），這可說是「亞洲的諾貝爾獎」。你可以試圖的思考你所處的群體、當代社會認為哪些「品格」是重要的，然後你可以盡力地培養、習慣這種品格。但在這裡，我們將提供你一些亞里斯多德認同的品格德行，作為你思索的基礎。

亞里斯多德提出「中庸」的品格德行

度過	不足	中庸
易怒	無怒	溫和
魯莽	怯懦	勇敢
無恥	羞怯	謙謹
放蕩	冷漠	節制
忌妒	X	義憤
牟利	吃虧	公平
揮霍	吝嗇	慷慨
虛誇	謙卑	真誠
諂媚	傲慢	友愛
卑屈	頑固	高尚
矯揉	病態	堅韌
自誇	自卑	大度
放縱	小氣	大方
狡猾	天真	明智

　　亞里斯多德在《優臺謨倫理學》中提出了幾個品格德行：溫和、勇敢、謙謹、節制、義憤、公平、慷慨、真誠、友愛、高尚、堅韌、大度、大方、明智等十四個品格德行[7]。但現代你可能還會加上仁慈、憐憫、盡責、合作、勤勞、可靠、忠誠、耐心、獨立、體貼等等社會、社群所共同認同的品格德行。你也可以試圖地思考一下這些品格德行的內涵是什麼，並且反省自身品格是否有所缺乏。

7　翻譯根據苗力田主編《亞里士多德選集—倫理學卷》中苗力田和徐開來的譯詞。（苗力田編，《亞里士多德選集—倫理學卷》，北京：中國人民出版社，1999 年，380-381 頁）

對亞里斯多德而言，品格德行是指人類非理性部分聽從理性的卓越表現，所謂非理性的部分包括慾望、興趣、偏好、情感，而具有品格德行的人在進行決定時，會依照情境，表現適當的行為，不受到非理性的部分影響。例如，秋山的個性本來就容易不耐煩，做事只有三分鐘熱度，在廚房當小雜工時也曾經想過放棄學習西方料理，可是他最後卻堅持下來，克服不耐煩想要放棄的情緒，堅持下來。品格德行強調人們在情境中的反應，一個人的品格是好是壞，決定於他在情境中所反應出來的習慣性氣質傾向（disposition）是否恰當，恰當的標準來自於「中庸」（mean），這個中庸並非中華傳統經典中提到的「中庸」的意思，而是指在「過」與「不及」間的中庸狀態，但「過」與「不及」之間的「中庸」沒有「標準值」，這全然需要倚賴行為者的氣質傾向如何回應情境而決定，這是一種相對於行為者的中庸。

　　品格德行是否卓越呈現在行為者的情感與行動當中，在不同的情境下，你原有的情感、慾望、興趣、偏好都將影響你自身的行動，但是透過你對品格德行的練習與習慣，你將能在不同的情境下做最適當的回應，而這個適當的回應出自於你內在的氣質、內在的心靈活動。這種內在氣質傾向，讓你在職場遇到「憤怒」的事情時，以「溫和」回應讓你生氣的情境，而不會退縮而「無怒」；遇到「利益當前」（牟利）的事情時，你會選擇「利益迴避」，以求「公平」，但卻也不會退縮讓自己任人宰割的「吃虧」。又例如秋山在面對荒木二廚無理的責罵時，秋山怒氣沖沖的回應荒木二廚，甚至對荒木二廚揮拳動粗，在當時的情境下秋山這麼做是否適當呢？在亞里斯多德看來秋山的做法不是「勇敢」，而是「魯莽」，當然若秋山選擇不回應，又顯得「怯懦」，因此秋山在當時的情境中可以選擇先將「易怒」沉靜下來，不讓自己的情感領先於自己的理性之上，如果有機會他可以先稍稍離開一下當時的氛圍轉化情緒，再「溫和」的與荒木二廚說話，轉化情緒不是讓自己怯懦，而是放下衝動的情感，思考怎麼做較為適當？怎麼做能減少對自己和他人的傷害？如果無法離開，也需要讓自己不要被固有情緒牽引魯莽行事。

　　你可能會質疑，這樣我們的行為似乎沒有標準，到底什麼是「過度」？而什麼是「不及」？到底這個「中間值」在哪呢？這確實是一個好問題，比起「效益論」或「義務論」而言，「德行論」並不能提供出這樣的一個標準，「德行論」並不能提供行為對錯的「標準值」，這確實是「德行論」的一個盲點，但卻也是如此它並不顯得僵化。

亞里斯多德並不認為沒有一種情感永遠不應該呈現，即使是憤怒與害怕這種通常被認為是負面、不應該出現在職場的情緒，但若能將憤怒與害怕表現得宜，都是良好品德行的呈現。例如：過度憤怒稱為暴躁；該生氣時不生氣，就是憤怒這個情感的不足，也就是惡；適度的生氣，則是和善（mildness）。亞里斯多德提出了如何達到中庸之道的三個實用原則 [8]：

1. 遠離中庸最對立的那個極端

   中庸之道不容易達成，但極端卻較為容易掌握。因此你可以選擇次佳途徑，讓自己遠離最對立的那個極端。當然，如何遠離必須倚賴你對情境掌握的智慧。

2. 注意我們自己最容易犯錯的那個極端

   這個原則要求你必須先了解你自己，在不同的經驗中你將能夠發現自己的情緒傾向，有時這是非理性的部分，而這種自然的傾向很容易地使你遠離中庸，所以你必須發現自己容易傾向哪一個極端，然後遠離極端，往中庸之道靠攏。

3. 對快樂的事要格外小心

   你必須特別注意讓人快樂的東西和快樂的情感，因為快樂會干擾我們的判斷，所以將快樂擱置一邊比較不易犯錯。

當然，這些規則並不能提供精確且詳細的指引，我們也很難定義各個品格德行的內涵與合理呈現的條件，亞里斯多德也同樣認為要在每件事情上找到「中庸」是很困難的。事實上我們偶爾會稱那些憤怒的不足為和善，有時候稱讚易怒的人有男子氣概。少量偏離正當的量（不論過與不及）是不會被指責的，而大量偏離則會被注意到，但是我們仍然無法給予一個公式定義這個極限，多偏離才應受譴責？這種「程度」的問題必須視特殊情境而定，而且依賴我們的判斷。

儘管亞里斯多德並沒有提供行為對錯的正確指引，但他所提出的「品格德行」確實可為你所面對的情境中提供一種方向，你也可以試圖在將進行行動之前，審視一下你的行為回應情境是否適當，是否過激或者不足，時時檢視你的行動，慢慢練習與養成習慣，讓自己的行動合乎於中庸，然後養成良好的品格，讓往後面對各種情境能妥善回應。

8　林火旺，《基本倫理學》，台北：三民書局，2013 年，173 頁。

四、訓練你的品格

　　隨著《異數》[9]這本書的流行，「練習一萬小時成為天才」似乎成為一種勉勵學習者持續練習卓越的一種口號。經過科學家大量的研究這似乎是一個可信的說法。芝加哥大學的教育學家班傑明‧布魯姆（Benjamin Bloom）在九十年代展開了一項長達5年對傑出學者、藝術家和運動員的研究，他發現這些成功者之所以能成功，並不是因為天才和天賦造就了這些成功者的非凡成就，而是因為堅忍不拔的好習慣，即使遇到挫折和失敗也不畏懼，在實踐中不斷地追求完美。佛羅里達州立大學心理系安德斯‧艾瑞克森（K. Anders Ericsson）教授研究：「菁英人物都懂得刻意練習──一種通過努力實現目標的方法。」艾瑞克森教授的研究發現，若想要在某個領域到達到頂級水準，你必須專注練習大約一萬小時。這種說法在亞里斯多德眼中絕對是同意的。

　　亞里斯多德認為要達到品格的卓越，主要依賴「習慣」和「練習」。因為每個人都有非理性的偏好、情感、慾望、興趣，為了克服這些非理性的部分，亞里斯多德強調需要藉由後天的訓練、養成習慣，促使你在適當的時機以適當的品格回應情境。因此，品格德行如同琴藝或烹飪技藝一樣，可以經由適當訓練和實踐培養出來，但品格又不同於技藝，因為技藝的優劣是由產品的好壞來決定，但品格的好壞並不完全由行為者表現的行為來決定。在亞里斯多德看來，具有良好品格德行的人，在行動時必然處於心靈穩定狀態，並在適當的時候進行適當的回應。

　　對亞里斯多德來說，一個具有溫和品格的人，會在任何情境中適當且穩定的展現他溫和的感情，而且這種溫和是發自內在的展現在他待人接物的行為中，且不帶有任何矯情或做作的，且不為了贏得任何好名聲，而是內在於人的氣質傾向。就亞里斯多德來說，如果只是單一事件上表現溫和的行為，那並不是真正的具有溫和品格的人。所以一個人的品格是否卓越，不只決定於他「做了什麼」，而且也決定於他是否發自內心的喜歡這麼做，是一種心靈穩定的狀態。

　　「練習一萬小時成為天才」或許可以改為「練習一萬小時擁有良好品格」。優良的品格可以經由不斷的練習和習慣達到。沒有人生下來天生完美，也沒有人天生具有所有良好的品格，但你可以藉由時時反省自身，時時慎思（deliberation）你的生活，思考你所處在的情境，你是否正在朝向你生命的目標前進，你是否朝著幸福生活前進，如果偏離你必須使自己導回正途。因此你不僅需要慎思你的生活，你更需要學著在不同的情境中理解（understanding）處境，並且學習經驗（experience），在每一次的經驗中練習和習慣建構優良的品格，如此一來，你將有能力在不同的情境中做出適當的回應。

9　Malcolm Gladwell 著，廖月娟譯，《異數：超凡與平凡的界線在哪裡》，台北：時報出版社，2009年。

在這個章節中，我們透過「秋山是否離職」的案例引導你思索「亞里斯多德德行論」的基本意涵。我們首先提出了亞里斯多德「目的論」的思維方式作為開端，提出：

1. 人生最重要的目的在於追求幸福。
2. 幸福的生活是根據最完滿的德行生活的。
3. 幸福掌握在你自己手上，有德行的人能克服障礙。更進一步的，我們告訴你「如何建立德行」，也就是「中庸」的過生活。
4. 你應該時時訓練和習慣品格德行，那麼你將有能力在每一個情境中做最好的回應。

我們必須坦承，亞里斯多德的德行論無法為你提供出「何謂好的行為」、「什麼是好的規範」這種思索，但我們幾乎可以相信，亞里斯多德德行論提供了「如何成為一個好人」的觀點，成為一個好人使你裡（內在）外（行為）合一，你的每一次行動都是發自你內在的真實，且是經過你的慎思。你將不會感覺到「心口不一」的內在衝突，你不會因為內外在的衝突而討厭你自己，內心的安適將使你生活地更自在也更幸福，這是亞里斯多德所期待的！

PART IV

實踐篇

Practical

第八章
個案分析

　　倫理學是一門關切我們的人生與涉及實踐的學科，簡單來說，其內容就是在探討我們應該「成為什麼樣的人」、「過著什麼樣的生活」，以及「做出什麼樣的行為」。「職場倫理」在此學科的分類中屬於應用倫理學的部分，意即針對職場環境所發生的實踐議題進行有系統的探究（本書採「情境分析法」進行，詳細步驟請參閱第四章）。

　　工作職場中所發生的諸多爭議問題並非一朝一夕所生成，多有其盤根錯節的因素使然，如「血汗工廠」的出現，源自於企業因為牟利與增加競爭力而選擇將可以再降低的成本放在人力上，低廉的工資支出，當然給予商品售價相當的降價空間。知名的品牌大廠如愛迪達（Adidas）、耐吉（Nike）、服飾連鎖店 GAP 等，都曾是雇用童工與剝削勞工的源頭。近年來，這些情況改善了嗎？顯然沒有，而且還有變本加厲的趨勢！全球化（Globalization）興起，商品順理成章地進入全球市場，販售行為跨越了國界的藩籬，製造外包與代工在世界工廠中生產著，仗著「你不做還有別人排隊在等著」的威嚇，品牌手握隨時抽單的至高權力。當品牌商場林立、商品打出「平價時尚」的口號，並以低廉價格刺激消費者購買欲望的同時，壓榨的齒輪也持續不斷地在運轉著[1]。

　　此外，在職場中層出疊見所發生之各類牽涉到道德爭議的「事件」，如「職場性騷擾」、「職場霸凌」等，來源自社會與文化層面的成因，有時更是根深蒂固到難以撼動。在電影《桃色機密》[2]（Disclosure）中，男主角湯姆被指控對女主管進行性騷擾，

1　2015 年「CNEX 紀錄片影展」所放映的《時尚代價》（The True Cost）便是這麼一部深入剖析平價或快速時尚的生成因素，以及背後不為大眾所知之黑暗代價的紀錄片。

2　一部於 1994 年上映的美國電影，改編自麥克 · 克萊頓（Michael Crichton）的小說，由，巴瑞 · 李文森（Barry Levinson）所執導。故事內容敘述一家電腦公司製作部的主管湯姆，原以為即將升任為副總裁，卻不知老闆已委任湯姆的舊情人梅樂蒂擔任此職缺。新上司舊情難忘，梅樂蒂不管湯姆已有家小的事實，竟在自己的辦公室裏欲強迫湯姆重修舊好，但最後湯姆還是拒絕了這場美豔的誘惑。翌日，梅樂蒂向公司告發湯姆對她性騷擾，公司要求湯姆道歉，並打算把湯姆調離現職。為了捍衛自身的名譽與洗刷冤屈，湯姆連同律師凱薩琳與梅樂蒂展開了激烈的法律訴訟。

為湯姆抗辯的女律師則是一語道破：「性騷擾的關鍵是『權力』，而不是性別，所以女性也有可能對男性性騷擾。」事實上，這關鍵同樣也是霸凌行為發生的主因。權力的不對等可能來自社會地位、知識、年齡、體力、身分、族群或資源等因素，而在台灣或其他以父權為主的社會中，性別也扮演著加深、加大著這種權力差距的角色。兩性不同的教養方式，再加上傳統性別文化對女性身體與尊嚴的貶抑輕忽，促成了性騷擾的惡性循環。

　　職場環境中所出現之各式樣的道德爭議事件難以窮盡，並隨著社會演進與科技發展而呈現出更多且複雜的形式，故本書採取「對應關係」的方式撰寫出八個職場個案，希望讀者能隨著個案，融入每個案中所設定的「我」，產生出與當事者的共同感受後，進入情境的分析。

　　為避免指涉到現實社會中所出現的人事物，各作者盡量在個案中將當事者冠以假名，並將故事重新改編，所期待凸顯的是職場中真實存在的道德爭議，而非僅只是事實的報導。以下個案將依序以「我與上司」、「我與同事」、「我與部屬」、「我與同業」、「我與合作廠商」、「我與消費者」、「我與政府」，以及「我與環境」等對應關係為主軸，透過包含道德理論在內的情境分析法，對職場議題做出系統性的探究。

第一節　已讀不回扣你薪——我與上司

一、事實爲何？

　　一名在台北市美式餐廳兼職打工的員工「索尼」（假名），日前在台大 PTT 發文指出他的老闆經常在半夜裡發送 LINE 的訊息給員工，導致員工就算在下班後屬於自己的私有時間中仍然深受干擾。近來更是因爲某分店遭到客訴，該老闆發出群組訊息並直接開出往後被客訴人員的懲處方式，甚至還威脅員工若對於訊息內容「已讀不回」者便要開罰 500 元，並得於上班當日內繳交。某日，索尼向《水果》媒體投訴，內容爲：因爲老闆得知他是 PTT 文章的發文者，故而找上他約談並表明「我就是不想看到你，所以這幾個禮拜都不會排你的班」。索尼表示，如果他沒法上班就沒有薪水過生活，明顯地，老闆故意藉此方式逼他離職。（媒體實際向店家求證時，該店老闆則以該員工「情緒不穩定」爲由，故不予以排班。更向媒體敘述該分店店長指控索尼有著「經常不回覆訊息」，以及總是「上班前一天臨時請假」等諸多的職場惡習……）

二、道德（倫理）問題何在？

（一）從個人層面來說，有哪些道德問題呢？

1. 「索尼」是否應該將工作上的情緒反映到公開的網路平台上？
2. 「分店店長」對於老闆以 Line 訊息充當主要的管理與溝通平台是否應該照單全收？
3. 「老闆」是否應該私下且額外增加對於員工的懲處方式？
4. 「老闆」是否應該因爲情緒（事件曝光於媒體上）而刁難員工？

（二）從組織層面來說，有哪些道德問題呢？

1. 「公司」是否應該以 Line 訊息交辦工作事項？
2. 「公司」是否應該明確地建立起員工溝通與申訴的透明平台？
3. 「公司」是否應該明文規範約聘人員的排班原則與保障時數？

（三）從社會層面來說，有哪些道德問題呢？

1. 「社會」是否應該檢討「老闆與員工」此職場關係是否只有「上對下」的單向服從關係？
2. 「社會」是否應該正視 3C 通訊軟體對於職場環境所帶來的負面衝擊（例如：額外的壓力、工作時間外的干擾等）？

3. 「社會」是否應該正視「職場情緒管理」、「職場 EQ」等環節，以期防範職場紛爭，甚至於是職場衝突的惡化？

三、有哪些利害關係人？

1. 主要利害關係人：索尼（因 PO 文而被逼離職的員工）、老闆、店長（向老闆與媒體指控索尼有不良的職場惡習）。

2. 次要利害關係人：其他美式餐廳員工、勞動單位相關受理人員。

四、有哪些解決方案？

最主要要解決的職場問題為：「索尼遇到了職場老闆（上司）不合理的對待[3]，他該如何解決？」

方案 1（消極方式）：認錯並接受老闆的「處罰」，甚至於接受解僱處置。

方案 2（積極方式）：與老闆私下溝通，但據理力爭屬於自己的權益。

方案 3（積極方式）：向勞動單位申訴，爭取屬於自己的權益[4]。

---

3 在此案例中指的主要是「老闆透過 Line 簡訊之威嚇式的處罰方式」，以及因索尼在網路上反映個人情緒而帶來「老闆以減班逼迫離職的不理性處置方式」等事項。

4 關於此個案中，保障勞方薪資權益部分的法規，有《勞動基準法》第 22 條：「工資之給付，應以法定通用貨幣為之。但基於習慣或業務性質，得於勞動契約內訂明一部以實物給付之。工資之一部以實物給付時，其實物之作價應公平合理，並適合勞工及其家屬之需要。工資應全額直接給付勞工。但法令另有規定或勞雇雙方另有約定者，不在此限。」及第 26 條：「雇主不得預扣勞工工資作為違約金或賠償費用。」另，若資方有違反雙方契約規定，員工可對資方提終止契約，並要求雇主給予資遣費。

五、評估各方案的道德性？

（一）從<u>效益論</u>的面向來看

方案 1

(1) 「正面」效益：在索尼認錯低頭的情況下，或許他仍能繼續保有工作而不會被解雇（老闆心軟），在生活開銷上一時間不至於立即出現問題。

(2) 「負面」效益：職場中不合理的上對下問題依然存在，甚至於變本加厲而更加擴大（老闆的要求無限上綱），進而造成更多員工的權益被侵害。

方案 2

(1) 「正面」效益：與老闆溝通成功，而老闆也願意思考對於員工的管理方式是否合宜，那麼索尼所處職場中不合理的上對下關係可以被有效制止與做出調整。此外，索尼也能繼續保有他的工作，並在合宜的工作環境中發展所長。

(2) 「負面」效益：與老闆溝通不成功，老闆不認為自己管理方式有不當之處，該不合理之上對下關係的問題不僅未獲解決，有可能反倒加深索尼與老闆之間的嫌隙，確定了索尼離職的命運。

方案 3

(1) 「正面」效益：讓積習已久的上對下不合理對待方式能夠被正視與公開討論，也能藉由合適的判決讓勞資雙方都有所警惕，對未來員工的權益保障預做準備。

(2) 「負面」效益：雖由公正第三方居中調解，但難免有些嫌隙出現，導致當事人雙方尷尬。若無法適當調適與排解，難免索尼會選擇離開該職場。

根據效益論所做出的總評估：整合以上各方案正面與負面效益進行考量，「方案 3」所帶來的正面效益最大（例如：受益的對象也最多，除了索尼所處職場的員工外，也包含社會上其他行業也遭遇到相關不合理『上對下』對待的員工）。雖然此方案也可能造成索尼本身有離職之虞，但綜合正、負面效益在所有可行的方案中是帶出「最大效益」的一個方案，故根據效益論，選擇「方案 3」來解決問題才是對的。

（二）從義務論的面向來看

方案 1

　　從索尼選擇接受老闆不合理的處罰來觀察，動機無非是出於想將「大事化小」，並寄望自己的工作能夠保住，讓自己不至於在生計上出現問題。然而就索尼未能向不合理的事情提出質疑與反駁，也不針對自身權益所受到的侵害做出捍衛，寧願屈從於不合理的權力以換取自身利益的維繫，此行為無法與我們的義務（例如：抗拒不公平不正義之事、尊重自身的權益）相符合，所以從義務論的角度，採取此方案的索尼並沒有做出對的行為。

方案 2

　　選擇私下溝通，可能是因為考量到資方在管理員工上的難處，而願意站在體諒的角度上所提出的方案。在此方案中，索尼選擇以平和的方式來解決問題，願意傾聽老闆的意見，將勞資紛爭寄望於理性的溝通上，這樣的行為模式可以被普遍化為我們任何人行事的準則。此外，在溝通的過程中，索尼也不忘捍衛自己的權益，展現出對不合理情事的抵制，以及對自身的尊重（不讓自己被他人僅是當成手段或工具），此行為符合我們對他人與對自己的義務，從義務論的角度來看是道德上對的行為。從道德動機來考量，如果索尼的行為純粹出自於「平和理性地解決紛爭」、「捍衛自身基本權益」等動機，那麼他的行為不僅是道德上對的行為，也是具有道德價值的行為，值得我們的稱讚；如果索尼的行為動機主要是為了「保住自身的工作，不讓生計出現問題」（自利），而選擇了此方案，那麼儘管表面上他的行為符合了諸多的義務，但因為動機不是純粹為了要履行自己的義務，所以即便他的行為在道德上是對的，但索尼卻不值得我們讚揚他。

方案 3

　　選擇向勞動單位提出申訴，讓公正的第三方居中調解，將有助於勞資紛爭的釐清，而不致流於一方的偏頗之詞。如果索尼選擇此方案，意謂的是向所處職場中不合理的勞雇關係直接開戰，爭取屬於員工的合理權益。此解決方案展現出對不合理情事的抵制，以及對自身的尊重，符合我們對他人與對自己的義務，是義務論會認同為對的行為。從其動機來審視，如果索尼是出自於為了履行「抵制不公平正義之事」、「捍衛自己與相關從業人員的權益」等的義務，那麼他的行為不僅是道德上對的行為，也是具有道德價值的行為；如果索尼選擇此方案的動機

是出自於「給老闆一個教訓」（報復）與「抒發自己的不滿」（自利），那麼該行為從表面上來看雖然無可厚非，但由於其行為出自於不良善的動機，故也不具任何道德價值可言。

　　根據義務論所做出的總評估：「方案2」與「方案3」都可能是從義務論角度所青睞的解決方式，因為就二方案屬於與義務相一致的行為來說，均是道德上對的行為。此外，從行為者所可能採取的動機來說，二方案都有可能出自於行為者良善的意志，而做出具有道德價值的行為。

（三）從德行論的面向來看

方案1

　　若從以「大事化小」來解決問題的方式看去，索尼或許在其行為中展現出「與人為善」的德行。但是就其不為自己所遭受到侵害的權益進行捍衛，卻反而屈從於老闆不合理的懲處，與「勇敢」、「理性」、「正義」等諸多德行所崇尚的人格特質與行為傾向背道而馳。

方案2

　　從索尼願意站在體諒老闆的角度上而選擇私下進行溝通的方式來看，在其行為中展現出「同情」、「體貼」、「謹慎」與「理性」等德行。若加上索尼仍不忘為「捍衛自身的權益」做出努力，在其行為中亦展現出「勇氣」、「正義」等德行。

方案3

　　選擇向勞動單位提出申訴，可以說是對「捍衛自身的權益」所採取的最後手段（通常出現於理性溝通無效之後）。若索尼採取此方案，在其行為中雖展現出「勇氣」、「正義」等德行。此外，若在索尼的考量中也顧及到相同或其他職場中有著類似遭遇的員工的權益，在其行為亦展現出「博愛」的德行。不過就此方案有可能導致店家（老闆）在網路與輿論上招致謾罵與惡名聲來說，有違「和善」、「體貼」等人際之間相處所崇尚的德行。

　　根據德行論所做出的總評估：若索尼採取「方案2」作為解決其所遭遇之職場難題的方式，能展現出較多值得我們效法與學習的德行。

六、有哪些實際上的限制？

解決方案是否確實可行，除了憑藉一個人的道德判斷外，亦須倚賴於實際情況中所遭遇到的限制來共同決定。此實際限制部分，可分別從「人」、「事」、「時」、「地」、「物」等五方面來考量。

「人」的方面

> 方案 1：此方案只涉及到索尼與老闆二人，並無造成太多執行上的限制。

> 方案 2：此方案只涉及到索尼與老闆二人（或許再加上店長），並無造成太多執行上的限制。

> 方案 3：此方案除了涉及到索尼、店長與老闆之外，也會牽涉到餐廳其他的員工也會一併受到勞動局的訪查。

「事」的方面

> 方案 1：索尼需要與老闆面對面的談話，並有可能得為未來的出路預做安排與準備。

> 方案 2：索尼需要與老闆面對面的談話，甚至需要預做準備與店長對質（關於「不回覆 Line 訊息」、「臨時請假」等問題）。

> 方案 3：索尼需要預做準備與勞動相關單位進行事件的說明（填寫「勞資爭議申請書」郵寄寄出或親送、參與「勞資爭議調解會議」），也可能需要面對其他因此事件而遭受牽連同事的埋怨，當然也必須為未來的出路預做準備（可能此事也可能會影響到未來的求職）。

「時」的方面

> 方案 1：需花費與老闆對話的時間，甚至有需要時，花費找下一份工作的時間。

> 方案 2：需花費準備證據時間，以及與老闆、店長對質的時間。

> 方案 3：需花費準備證據時間，以及向勞動相關單位進行事件說明的時間（有需要時，花費找下一份工作的時間）。

「地」的方面

> 方案 1：發生的地點多半會在老闆的辦公室，但亦有可能是較為尷尬的地點（工作場所）。

方案 2：發生的地點多半會在老闆的辦公室，或是自行選定避開其他不相關人員干擾的地點。

方案 3：與勞動單位說明整起事件經過的約定地點（參加「勞資爭議調解會議」）。

「物」的方面

方案 1：幾乎沒有物品需求方面的考量。

方案 2：需要準備能記錄 Line 訊息的工具，以及能證明自己「並未臨時請假」的資訊。

方案 3：需要填寫「勞資爭議申請書」，以及準備能記錄 Line 訊息的工具，和能證明自己「並未臨時請假」的資訊。

七、該做哪些最後的決定？

（若是在老闆有意願解決勞資糾紛的情況下，選擇「方案 2」是較為適宜的做法。）然而在本案例中，索尼的老闆較無明顯意願針對索尼所意圖捍衛的權益進行良性的溝通，且直接就採信店長的說法而不去核實，故而在種種條件的考量下，索尼實際上採取「方案 3」才是適當的做法。就效益論來說，該方案帶出了最大的效益；就義務論來說，索尼選擇此方案是出自於「捍衛權益」與「抵制不正義之事」等動機，故其行為不僅是道德上對的行為，也是具有道德價值的行為。儘管就該方案所展現的德行不若選擇並執行「方案 2」來得多，但是就合併實際上限制進行統整的考量下，選擇「方案 3」是最合適於索尼解決當前職場問題的方案。

第二節 以「死」明志？──我與同事

一、事實為何？

　　小蔡是小張在燒肉店工作的前輩，在工作上也經常給予小張不少的指導與協助。兩人所工作的場所，老闆的管理不僅非常嚴苛，還時常懷疑員工手腳不乾淨，經常讓員工敢怒不敢言。員工在工作上出些小狀況，老闆便是一頓不留情面的謾罵，甚至於是用粗鄙的言語加以羞辱。然而，種種工作上的甘苦卻反倒成爲了小張與小蔡共同的話題，讓小張與小蔡私底下成爲無話不談的好哥們。

　　某日，老闆找小張進辦公室，劈頭就是一頓痛罵，因爲老闆懷疑小張私自竊取店內倉庫的啤酒帶出去開趴玩樂，卻又完全不讓小張有任何解釋的機會。下班後，小張忿忿不平地將此事告訴小蔡，此次小蔡卻反而勸小張直接跟老闆道歉了事，因爲他知道小張的家中經濟必須完全倚靠他來支撐，沒必要爲此事丟失了工作。事實上，資深的小蔡才是偷酒的員工，他偷酒出去變賣是爲了應付家中突發事故所需要的開銷。但他因爲擔心自己會因此事而工作不保，所以在老闆察覺啤酒短少之時，便私下向老闆誣陷此件事是小張所爲，但也或多或少幫小張說情。因爲熟知小張的作息、習慣與不得不工作的理由，所以小蔡鉅細靡遺的描述讓老闆對「小張就是小偷」深信不疑。後續幾日，小張不時會收到老闆的簡訊並不斷重複提及此事，小張極力地意圖證明自己的清白，並建議老闆報警與調閱監視器畫面來正視此事。不料老闆卻反唇相譏，說「該怎麼做是我來決定，不用你來指揮」，又說「你越是強調不是你，我就越覺得你奇怪」。哥們小蔡的態度也開始出現 180 度大轉變，逢人就有意無意地暗指「小張就是小偷」，種種境遇讓小張的心情相當沮喪。小張百口莫辯，也哀傷於小蔡的異常舉止與翻臉無情，在 FB 放上了諸多負面的文字與照片，甚至也產生了輕生的念頭……。

二、道德（倫理）問題何在？

（一）從個人層面來說，有哪些道德問題呢？

1. 「小張」是否應該勇敢面對惡意誹謗，並選擇理性的方式面對？
2. 「小蔡」是否應該坦然承認自己所犯下的錯誤，並勇敢承擔責任？
3. 「小蔡」是否應該爲了自己的私利而罔顧友誼？
4. 「老闆」是否應該徹查清楚真相後再指責員工？
5. 「老闆」是否應該尊重員工，而不以惡言方式相向？

（二）從組織層面來說，有哪些道德問題呢？

1. 「公司」是否應該檢討在員工管理方面出現了漏洞？
2. 「公司」是否應該訂定合理的勞資爭議處理流程？
3. 「公司」是否應該建立相互尊重的企業文化？

（三）從社會層面來說，有哪些道德問題呢？

1. 「社會」是否應該正視「老闆與員工」間不合理的管理關係，以遏止老闆不尊重員工人權的事情發生？
2. 「社會」是否應該崇尚「道德優先於利益」的觀念，以減少為了目的而不擇手段的事情發生？
3. 「政府」是否應該加強倡導「自殺並不能解決問題」的觀念，以減少因為衝動而發生的憾事？

三、有哪些利害關係人？

1. 主要利害關係人：小張（受同事誣陷的員工）、小蔡（小張的同事、燒肉店的資深員工）、老闆（聽信謠言而任意謾罵指責員工）。
2. 次要利害關係人：店內其他員工、警察與相關調查人員、小張親屬。

四、有哪些解決方案？

　　<u>最主要要解決的職場問題為</u>：「小張」遭受到同事惡意誣陷，使得自身清白與名譽受到老闆的質疑與污辱，他該如何解決？

　　方案1（消極方式）：以自殘（輕生）方式證明自己清白。

　　方案2（消極方式）：接受小蔡的建議，自認倒楣，直接承認與賠償。

　　方案3（積極方式）：與老闆耐心溝通、與誣陷他的員工對質，並試圖找出真正犯錯的人，持續不懈地為捍衛自己的清白而努力。

　　方案4（積極方式）：直接報警處理，揪舉出真正竊賊與向老闆證明自己的清白。

五、評估各方案的道德性？

（一）從<u>效益論</u>的面向來看

方案 1

(1)「正面」效益：傷害自己無助於事件的釐清與解決，所以毫無正面效益可言。

(2)「負面」效益：事件可能因此而不了了之，除無法證明自己的清白外，也傷害到了家人。

方案 2

(1)「正面」效益：若店家損失不大，可能賠錢後便了事。

(2)「負面」效益：自認倒楣，便會讓自己被貼上小偷的標籤，在此壓力下，很難能在相同的場所與同事正常相處並繼續工作下去。

方案 3

(1)「正面」效益：讓老闆清楚自己的堅持，也試圖讓真正的小偷有懺悔的機會。

(2)「負面」效益：得視老闆的態度而定，很可能溝通只是淪為各說各話，反倒讓彼此間的嫌隙與誤會加深。

方案 4

(1)「正面」效益：藉由公權力讓此事件被公開檢視，除了能讓竊賊現形外，也能證明自己的清白。後續的影響力亦可讓老闆對於輕易懷疑員工一事有所警惕，讓舊有與新進員工能處在更受到尊重的工作場域。

(2)「負面」效益：等於是走向對簿公堂的局面，即便能證明自己的清白，亦須有做好離職的準備。此外，與小蔡建立起的友誼，也可能隨著真相大白而消失。

　　根據效益論所做出的總評估：整合以上各方案正面與負面效益進行考量，「方案 4」所帶來的正面效益最大（除了小張能藉此方案證明自己的清白外，也讓其他員工藉此解決方案間接受益，如：被老闆尊重）。雖然此方案也可能造成小張本身有離職之虞，讓好友小蔡必須得接受法律的制裁，但綜合正、負面效益在所有可行的方案中是帶出「最大效益」的一個方案，故根據效益論，選擇「方案 4」來解決問題才是對的。

（二）從義務論的面向來看

方案 1

　　以自殘甚至於輕生的方式來面對問題，是對於自己生命極不尊重的做法。**把自己的身體或生命當作工具的方式**，與我們在道德上應盡的義務不相符合，所以從義務論的角度來看，採取此方案的小張並沒有做出道德上對的行為。

方案 2

　　接受同事小蔡的方式向老闆認錯道歉，動機無非是出自於希望能盡快解決此事。然而就小張未能向不合理的事情提出質疑與反駁，也不為自己的人格與名譽進行捍衛，甚至於讓犯錯的人繼續沈淪下去，卻寧願讓自己遭受委屈而默不作聲，此行為無法與我們的義務相符，故不是道德上對的行為。

方案 3

　　與老闆進行溝通，為了證明自己的清白而努力，是我們在道德上應該做的事。讓真正犯錯的人有機會在對他最小傷害的情況下，得到該有的懲罰，並獲得寬恕，也與我們「與人為善」的義務相符合。若小張的動機純粹是出自於「尊重自己的人格」與「給犯錯者懺悔的機會」，那麼他採取「方案3」不僅是道德上對的行為，也是具有道德價值的行為，值得我們的稱讚。

方案 4

　　選擇由公權力出面，讓真正犯錯的人接受其該有的懲罰，也能確實為捍衛自己的人格與名譽而進行努力，是我們在道德上應盡的義務。從動機上來說，若小張採取此方案是出自於為了履行「糾舉不法與不正義之事」、「捍衛自己的人格與名譽」等義務，那麼採取此方案不僅是道德上對的行為，也是具有道德價值的行為；若小張的動機是出自於「報復誣陷他的人」與「給予積怨已久的老闆一個教訓」，即便是表面上看似對的行為，但卻是不值得我們稱讚的行為。

　　根據義務論所做出的總評估：「方案3」與「方案4」都可能是從義務論角度所認同的解決方式，因為就二方案屬於與義務相一致的行為來說，均是道德上對的行為。此外，從行為者所可能採取的動機來說，二方案都有可能出自於行為者良善的意志，而做出具有道德價值的行為。

（三）從<u>德行論</u>的面向來看

方案 1

　　若採取傷害自己的方式面對遭遇到的困難，與「勇敢」、「理性」等諸多德行所崇尚的人格特質與行為傾向背道而馳。

方案 2

　　因為怕事而對「不屬於自己責任範圍內的事情」認錯道歉，而任憑真正犯錯的人得過且過，與「勇敢」、「理性」、「正直」等諸多德行相違背。

方案 3

　　與老闆耐性地溝通，也願意給予真正犯錯的人一個改過自新的機會，小張行為中展現出「同情」、「體貼」、「謹慎」、「忍耐」、「智慧」與「理性」等德行。若加上小張仍不忘為「捍衛自身的人格與名譽」做出努力，在其行為中亦展現出「勇氣」、「正義」等德行。

方案 4

　　直接報警處理，讓公權力出面還自己清白，以及將真正犯錯的人繩之以法。採取此方案的小張在其行為中展現出「勇氣」、「正直」、「正義」等德行。然而此「方案 1」且採行，同為犯錯者的員工勢必將受到法律的制裁，雖其行為罪有應得，但難免有違「和善」、「體貼」、「同情」等人際之間相處所崇尚的德行。

　　根據德行論所做出的總評估：若小張採取「方案 3」作為解決其所遭遇之職場難題的方式，能展現出較多值得我們效法與學習的德行。

六、有哪些實際上的限制？

　　解決方案是否確實可行，除了憑藉一個人的道德判斷外，亦須倚賴於實際情況中所遭遇到的限制來共同決定。此實際限制部分，可分別從「人」、「事」、「時」、「地」、「物」等五方面來考量。

「人」的方面

　　方案 1：涉及到小張與小張的家人（若小張傷害了自己後，他的家人便會陷入困頓的生活）。

方案 2：牽涉到小張與老闆（小張可能以後在老闆面前再也抬不起頭來）。

方案 3：主要牽涉到小張、老闆與誣告者（小蔡）三人（但小張可能必須面對與小蔡之間的友誼出現裂痕）。

方案 4：牽涉到小張、老闆、誣告者（小蔡），以及前來調查處理的警務人員，也可能牽連到店內其他的員工一併接受員警的盤查（會產生連累到其他無辜者的為難感覺）。

「事」的方面

方案 1：包含自殘身體，甚至於是傷害生命的行為。

方案 2：需要與老闆單獨面對面談話（或由同事陪同），並接受刻薄的言語與謾罵，也有可能被老闆扭送警局。

方案 3：需要與老闆，甚至是誣陷者面對面談話，並準備據理力爭的證據捍衛自己的清白。

方案 4：需向轄區派出所報案，並詳細說出報案內容事項。

「時」的方面

方案 1：並沒有時間因素的考量。

方案 2：可能需要利用的是老闆在店裡與上班時間的空檔（例如：員工休息時間）。

方案 3：可能需要是上班時間的空檔，或者是老闆願意配合的時間。

方案 4：若內部員工「業務侵佔」成案，小張將需要付出出席法庭作證的時間。

「地」的方面

方案 1：自己住處或無特殊地點因素的考量。

方案 2：工作地點或其他老闆願意配合的地點。

方案 3：工作地點或其他老闆願意配合的地點。

方案 4：需前往店家轄區派出所與工作地點。成案後，可能需前往法院。

「物」的方面

方案 1：需準備任何可能造成自殘的物品。

方案 2：無須特別準備什麼物品。

方案 3：需準備能與誣陷者對質的相關證據（例如：證明自己沒有自行攜帶店內啤酒外出的人證）。

方案 4：需準備能證明自己清白的證據（例如：盡快請警務人員保存監視器畫面、能證明自己沒有自行攜帶店內啤酒外出的人證）。

七、該做哪些最後的決定？

（若是在老闆有意願接受小張證明自己清白的情況下，選擇「方案 3」是較為適宜的做法，一方面能顧及勞雇之間的關係，一方面也能有機會以較為溫和的方式讓犯錯者進行反省與接受懲罰）然而在本案例中，小張的老闆疑心病重，且隨自己喜好決定相信與否，小張的同事小蔡因為誣陷栽贓與不斷圓謊，終究導致日後騎虎難下。故綜合各種現實交織出的條件進行考量，採取「方案 4」是最為可行的方案。此外，根據效益論來說，「方案 4」能得出最大的效益，證明自己清白之外，也兼顧到其他工作人員的福祉。另一方面，從義務論角度也能認同這樣的解決方式。採取此方案的小張亦能在其行為中展現出「勇氣」、「正直」、「正義」等德行，雖不若「方案 3」能一併兼顧到對小蔡的情誼與憐憫，但是綜合道德層面與實際上限制所進行的統整考量下，選擇「方案 4」仍是當前最合適於小張解決當前職場難題的方案。

第三節　宮本山的苦惱──我與部屬

一、事實為何？

　　近年來因為整體經濟環境不佳，部分企業為了求生存必須削減開支，降低人事成本成為解決的方法之一，因此裁員成為不可避免的選項。

　　新奇集團有五家子工廠，宮本山是其中一家工廠的經理。宮本山從大學畢業後開始到工廠工作，他從基層開始做起，至今已有 16 年，他認真工作的態度深受老闆信賴，也是同事中的好長官。因整體景氣不佳，新奇集團為了在逆境中求生存，公司董事會內部決議進行一個「瘦身計劃」，裁撤 200 名員工。老闆告知他這個決議，保證他的工作不會受到影響，並在公司人事命令發布之前，提前告知他部門中可能解雇的人員名單。

　　公司仍未將人事訊息公布，但在工廠內謠言四起，宮本山部門的一位員工李春梅是宮本山的好友，他們同期進入公司。李春梅長年在外租屋，尋覓屬於自己的房屋已經很長一段時間，近日看上了某間新房，更決定在近期內簽約，簽約後她仍須背負一大筆房貸，這需仰賴於她的薪水。因此她需要知道自己會不會被解雇，如果能提前知道，才能決定要不要簽。若被解雇她將無法負擔房貸，須放棄簽約；但若放棄簽約，她可能錯過這棟房屋。

　　她轉而私下詢問他的好友宮本山，請求宮本山透漏她是否在解僱名單中。但宮本山有些為難，一方面李春梅是自己的好友，且又剛好找到一棟自己喜愛的房屋，若告知春梅實情，那春梅便可決定要不要購買新房；但若告知他卻又洩漏公司未發布的人事命令，也不甚妥當。宮本山思索，他應該怎麼辦？

二、道德（倫理）問題何在？

宮本山和李春梅的道德層面（個人道德層面）	
宮本山	宮本山是否應該在公司發布人事命令前進行保密，且不應讓其他人知道他知情，避免被詢問？
李春梅	李春梅是否應該無視於公司的員工訓練中對公司機密保密之要求，利用私人關係提前知道公司的人事命令？

公司機密之保密要求：一般而言，員工應聘入新公司後，公司通常要求員工簽署「員工不得洩漏公司機密同意書」，員工必須對公司之商業機密進行保密，其中包含技術資訊（方法、流程、公式、組合、系統、技術、發明、機械、程式設計和研究專案）以及商業資訊（顧客名單、價格資料、材料供應來源、財務資料、行銷生產或商品採購系統或計劃）。這些皆屬於公司的智慧財產權且可能屬於機密。因此，一般在員工工作守則中都會要求勿將機密和專屬資訊透漏給公司內部或外部的其他人，除非這些人具有合法正當的需求必須知悉這些資訊，並已同意保護這些資訊的機密性。員工在揭露之前必須經過適當的授權和協議。

公司層面（組織的道德問題）	
公司	1. 公司在聘雇員工，特別是管理階層時，是否應該更加重視其操守？ 2. 公司是否應該加強員工職業訓練，強調保密公司商業機密之概念？

企業應建立保密制度與加強員工訓練：商業秘密一但喪失其秘密性，即永遠喪失而無法回復，因此企業應強化內部管理制度與保密措施。企業本身應建立保密政策與文件檔案保密分級管理辦法，並且定期透過教育訓練向員工宣導保密的重要性，此舉是企業保護營業秘密的重要作為。企業應加強員工訓練，讓員工了解保密之重要性，加上文件綁案保密分級制度的施行，使得員工更了解企業所意欲保護者。

審慎查詢應徵者的品格：企業招聘人才時，須重視應徵者的學識、品德、能力、經驗等事項外，應對應徵者工作經歷之外的人事狀況進行查詢。人事查詢的運用，旨在瞭解應徵者履歷中陳述的事項是否真實可靠以及前雇主對其服務的評價。人事查詢對於應徵主管或專門技術職務的人事，尤為重要。

三、有哪些利害關係人？

在這個事件中，主要關係人是：作為經理的宮本山、想知道公司裁員詳情的李春梅、新奇集團。

宮本山主要面對的兩難問題是：在公司人事命令未發布之前，宮本山是否應該對李春梅說出她是否在解僱名單中這個實情。宮本山需考量與公司和李春梅之間的利害關係，思考解決方案。

公司管理階層

↑

宮本山

↕

李春梅

四、有哪些解決方案？

（從宮本山的角度思考）

方案1：對李春梅說出自己知道的結果。宮本山考量李春梅好不容易找到適合的房子，又在意與她之間的友誼，且保持職場友好關係而選擇告訴她實情。

方案2：不回應李春梅的詢問，推託不知情。宮本山遵守公司對機密資料保密之要求，對於李春梅的詢問不以理會，讓這些流言隨著人事命令的宣布而煙消雲散。

方案3：委婉告知李春梅，自己真的無法告知她實情。因為公司人事命令未發布之前，任何狀況皆可能發生，非到公司發布人事命令前，誰都無法得知結果。

五、評估各方案的道德性？

（一）從效益論的面向來看

方案1：對李春梅說出自己知道的結果

宮本山	選擇此解決方案違反了與公司簽訂的保密協定。將公司未公布之人事命令對外透漏，這對宮本山而言是負效益。但宮本山對李春梅說出實情則有助於兩人之間的情感以及對朋友之誠實。然而須考量的是，若未來人事命令公布之後與宮本山知情的有所出入，也可能造成兩人友誼的嫌隙。	負效益
李春梅	此一選項有助於春梅判斷是否要買房，這對李春梅而言是正效益。但必須考量的是，這可能會引起公司內部更多謠言，對春梅不一定有利。	？
公司	此一選項這對公司尚未公布的人事機密外洩是有所危害的。一來說明了公司在商業機密保密管理上的疏失，二來間接證明之前公司裁員的謠言，造成公司內部人心惶惶，影響工作與員工情緒。因此此舉對公司而言是負效益。	負效益
從效益論角度來看，「方案1」只讓春梅受益，並不符合效益論之要求讓最大多數人獲得最大多數效益。		

方案2：不回應李春梅的詢問，推託不知情

宮本山	此一解決方案能維護自己與公司之間簽訂的協定，免於使自己成為公司謠言的始造者。唯一需考慮的是對春梅的友誼，不對春梅說實話有損自己與她之間真誠的相處。但進一步的思考，雖然無法幫助她解決是否購屋的問題，但卻能確保她免於近於公司謠言的爭端中。這對春梅也許是正效益。	正效益

李春梅	此一解決方案使得春梅無法得知實情對她購屋的選擇將有影響，畢竟她尋找自己的房屋已有相當長的時間，若不能確定自己是否被解雇，可能需要放棄這間好不容易覓尋而來的房子。但若她得知實情，她自己又不小心在行動中顯露出她已知情的情況，相當有可能使自己捲入紛爭中，對她自己造成傷害而被解雇。	？
公司	此一解決方案使得公司內部人事資料得以保密，此舉對公司而言是正效益。除了人事資料未外洩外，謠言將隨著人事資料正式公布而止息。此外，也能降低人事資料公布前與公布後產生的落差心理，避免員工認為公司人事處置不公的狀況。這一選項對公司而言是正效益。	正效益
從效益論角度來看，「方案2」符合效益論之要求讓最大多數人獲得最大多數效益。		

方案 3：委婉告知李春梅，自己真的無法告知她實情

宮本山	這一做法對宮本山而言可避免其觸犯與公司之間的保密協議，也可免於製造更多謠言及捲入謠言可能產生的紛爭。且委婉理性的告知春梅自己難以告知的理由，請她諒解，也是對友誼的尊重與對他人誠實。雖然春梅不一定能接受宮本山的說法，但至少宮本山本人心中較能感到安慰與平穩，且也可能讓春梅心安一點。選擇這一方案對自己似乎較具正效益。	正效益
李春梅	這一做法對春梅而言似乎較不利，因為無法得知自己能否有能力買新房。但這一做法可能使得春梅得到安慰，且讓春梅明白宮本山並非故意不讓春梅知情，對她心裡感受而言也許較好，除此之外，也能避免春梅捲入公司謠言紛爭中。從這一角度來看，對春梅似乎又是正效益。	正效益
公司	如同「方案2」，公司的利益能被保存。	正效益
從效益論角度來看，「方案3」符合效益論之要求讓最大多數人獲得最大多數效益。且此選擇方案似乎對李春梅更友善些，也無須對春梅說謊。		

（二）從義務論的面向來看

方案 1：對李春梅說出自己知道的結果

此一解決方案，符合了「對人誠實」這一道德規範，但相對於公司而言，宮本山若告訴春梅實情，即違反與公司之協定，失去「對公司應該忠誠」之規範，亦損害了公司的權益，並非完全適當的選擇。儘管對人誠實是一重要的道德規範，但此事件是公司整體權益與私人權益之衝突，應將「公事」與「私事」分割處理，且對春梅說出實情也可能讓春梅捲入謠言的糾紛中。如此看來，忠誠於公司並保護春梅避免她陷入紛爭中，應具有更高的道德價值。

方案 2：不回應李春梅的詢問，推託不知情

　　選擇這一方案遵守了「對公司忠誠」這一道德規範，且動機上也是為了保護公司和春梅，因此這一角度上看，這一選項是符合義務論的。但須思考的是，這一方案則欺騙了春梅，並未遵守對人「誠實」這一道德規範。儘管未能遵守「誠實」這一規範，但欺騙春梅的動機是為了保護公司和春梅，此舉具有更高的道德價值。

方案 3：委婉告知李春梅，自己真的無法告知她實情

　　選擇這一方案遵守了與公司之間的協定，且保護了公司機密，符合了「對公司忠誠」這一道德規範。此未對春梅說謊，也符合了「對人誠實」這一道德規範。

（三）從德行論的面向來看

方案 1：對李春梅說出自己知道的結果

宮本山可以詢問自己兩個問題。

1. 他告知春梅實情的目的是什麼？為了維護他們兩人之間的友情？為了協助春梅完成購屋的願望？為了不破壞關係將來仍舊能帶領好他的部門？宮本山若能想清楚他選擇這一方案的目的，進而開始思索他做這一個行動能否符合他的期待。但依據推測，宮本山即使告知春梅實情，似乎也未必能保住他與春梅之間的友誼與真正地協助她購房，理由在於他告知春梅實情後，將可能使春梅捲入謠言中，導致春梅將來需要面對更多的問題，甚至因此事而被解雇，那麼此舉是否真正地協助了李春梅則有待商議。

2. 宮本山這樣的舉動，符合哪些中庸的品格德行呢？是否過激或不足呢？宮本山將實情告知春梅是基於「友誼」的中庸品格，但此舉未考慮公司利益似乎是對「明智」這一品格的缺乏，而顯得有些「天真」，且若私下對春梅說出實情，則對公司和其他員工缺乏「公平」，甚至使得他們「吃虧」。「方案 1」似乎不是一個適當的選項。

方案 2：不回應李春梅的詢問，推託不知情

宮本山可以繼續詢問自己兩個問題。

1. 此行動的目的是什麼？為了保護春梅使他免於陷入困境中？為了保護公司機密以及完成與公司的協定？讓公司謠言終止，降低公司員工人心惶惶、情緒

不佳的狀況？他可能有很多的目的，但宮本山必須省思這一做法能否促使他達到他想完成的目的。

2. 宮本山這樣的行動，符合哪些中庸的品格德行呢？是否過激或不足呢？對公司而言，宮本山假裝不知情的行為是符合「節制」這一中庸的品格，且這個行動看起來似乎也是「明智」的。但假裝不知情卻可能是「真誠」這一中庸的缺乏，而過度地成為「虛誇」，因此選擇「方案2」似乎是符合較多「德行論」的品格，但卻仍有缺陷。

方案3：委婉告知李春梅，自己真的無法告知她實情

宮本山可以繼續詢問自己兩個問題。

1. 此行動的目的是為了什麼？並且思考他所希望達到的目的可否藉由選擇此方案而達成。

2. 宮本山這樣的舉動，符合哪些中庸的品格德行呢？是否過激或不足呢？對公司而言，他的行動保障公司權益是「節制」與「明智」，而面對春梅的角度上，他這種行為卻也符合「真誠」與「友誼」。

六、有哪些實際上的限制？

方案1：對李春梅說出自己知道的結果

這一選擇方案會違反與公司之間的契約，違反員工工作守則，將有被懲處、降職、解雇之可能。即使公司未追究此事，仍須考量會不會捲入混亂的謠言中得罪他人，使自己在職場中樹敵。

方案2：不理會李春梅的詢問，假裝不知情到底

這一選擇方案保護了自己、公司和春梅。但可能會讓春梅感覺宮本山重視工作遠比重視她的友情來的多，進而失去春梅這個朋友。

方案3：委婉告知李春梅，自己真的無法告知她實情

這一選擇方案保護了自己、公司和春梅。但春梅也可能不諒解宮本山，兩人的友情仍可能生變。

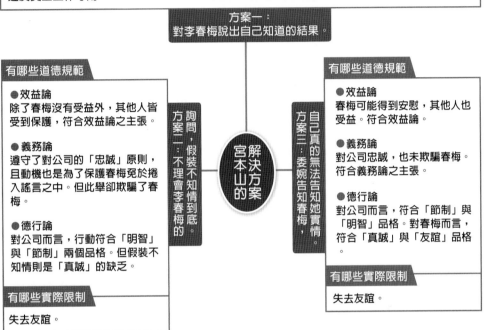

七、該做哪些最後的決定？

	道德性評估			實際限制評估
	效益論	義務論	德行論	
方案 1	X	X	X	違反員工守則
方案 2	O	O	O	失去友誼
方案 3	O	O	O	失去友誼

1. 雖協助了春梅，但卻違背了對公司的承諾與忠誠。此外，這一選擇方案不一定能達到宮本山期望協助春梅這一目的。且可能造成對自己及公司的傷害。

2. 這似乎是一個不錯的選項，但欺騙春梅，且可能造成春梅的誤會造成對友誼的傷害。

3. 這個選項似乎較前兩個選項更為恰當。此出於誠心地想維護友誼，亦不會違背自己對公司的承諾將機密資料外洩。此舉主要希望李春梅能諒解宮本山的苦衷，讓春梅再度明白公司對商業機密保密之要求，並藉由與之對談的過程中，安撫平穩春梅，使她安心，這是一個更為彼此友誼著想的辦法，也能避免彼此陷入紛爭中。若未來宮本山繼續擔任春梅的上司，也仍舊能讓彼此保持良好的關係。

因此最終選擇「方案 3」。在這裡宮本山應該思考如何安撫春梅，且能否客觀地對春梅說明她可考量的面向就變得相當重要。宮本山必須盡可能表現出朋友的姿態，讓春梅明白他是在協助她思考問題，而考慮是否要買房的問題不僅是「提前知道人事命令」與「不知道人事命令」兩種選項，春梅可以將思索的層面擴大一些，如此一來春梅應該能了解宮本山的善意。

八、相關法規

（一）民事責任

違反民法第 184 條侵權責任：員工將公司機密外洩，損害公司權利，是侵權行為，需負侵權責任。

違反與公司簽訂之契約：員工於任職時，通常會於勞動契約中包含保密條款，約定員工不得侵害、洩漏公司之營業秘密，否則須賠償公司損失並且顧員工。故若員工違反契約規定，企業得依據契約約定，請求員工賠償企業之損失。

違反營業秘密法第 12 條：因故意或過失不法侵害他人之營業秘密者，負損害賠償責任。

（二）刑事責任

刑罰第 342 條背信罪：員工是受雇為企業並替企業處理事務，因而員工侵害企業之營業秘密，而獲取利益者，乃構成背信罪。此外教唆者或共同侵害之第三人，得依具體情狀，以教唆犯或共同正犯罰之。

依據刑法第 317 條規定：員工若對外無故洩漏企業之營業秘密，則構成此罪。另企業往來廠商，簽訂有保密協議書者，亦可能構成此種犯罪類型。

第四節　遊戲公司同業挖角案──我與同業

　　偉強從小便熱衷於各種網路線上遊戲，夢想成為職業電競選手。只是，在電競的技術上，偉強始終沒有成為一流，但在家人的支持下，偉強大學考上了遊戲設計相關的科系。在學期間他始終非常認真學習，還陸續在幾間遊戲公司打工或實習，累積不少工作經驗。大學畢業後，偉強如願進入台北一間頗富名聲的 R 遊戲公司工作，擔任遊戲程式設計師，隨著工作經驗的積累，逐漸成為公司重點遊戲開發設計團隊的一員，頗受重用，老闆很看重偉強的能力，期許他在未來幾年間就能開始帶領設計團隊、主導專案。

　　此時，另一間因某款手機遊戲大紅打出名氣的新興遊戲公司 M，派出了人資主管與偉強接觸，想要挖角偉強。M 公司開出了較 R 公司更好的薪資與獎勵條件，邀請偉強擔任他們其中一個開發團隊的負責工程師，但附帶的是希望偉強能提供協助 R 公司遊戲開發的各種相關資料，偉強認為 M 公司的挖角條件讓他很心動，對於能有自己負責的開發團隊，非常的期待，但他跟 M 公司表明，就算要跳槽，也不應該提供 M 公司他原本公司的相關資料，這應該是不對的，也違反與 R 公司合約中的競業禁止條款的。

　　M 公司見偉強不願答應，又跟偉強提議，偉強可以先辭職離開 R 公司，為了不違反競業禁止條款，他可以進入 M 公司同一企業體但位在高雄的另一間網路公司，職務也不用以遊戲工程師聘任，但實際上負責的還是與之前談的一樣的工作內容，並仍希望偉強能提供 R 公司的相關遊戲開發資料。偉強此時在心裡起了掙扎，他覺得這是一個很好的能表現他能力的機會，符合他對工作價值的追求，但又覺得 M 公司開出的條件有些問題，讓他不知如何是好？

一、事實為何？

1. 偉強為 R 遊戲公司之遊戲程式設計師，為公司重點遊戲開發設計團隊的一員，工作能力頗受重視。

2. M 遊戲公司開出較高條件挖角偉強，並希望偉強能提供協助 R 公司遊戲開發的各種相關資料。偉強認為不應提供 M 公司他原本公司的相關資料，以違反競業禁止條約為由不願答應。

3. M 公司提出另一方案，請偉強從 R 公司離職後，進入 M 公司同一企業體但位在高雄的另一間網路公司工作，且避免遊戲工程師的職務名稱，但實則仍擔任挖角時所談的工作，其他條件一切一致。偉強雖有意願跳槽，但仍覺得有疑慮。

二、道德（倫理）問題何在？

在此個案中，我們無法從現有個案故事中確認偉強與任職的 R 公司間之競業禁止相關條約是否有問題，因此在道德問題上 R 公司的部分不需考慮。此個案所涉及的，是偉強個人層面的問題，以及 M 公司挖角方式上的問題，此則屬於組織層面的問題。以下分述之：

1. 偉強層面（個人的道德問題）

    偉強對 M 公司的挖角條件很感興趣，但對其中 M 公司希望他能提供目前任職之 R 公司的遊戲開發資料此條件是有疑慮的，在考慮與抉擇的過程中，其個人可能的道德問題為：

    · 偉強是否應該接受 R 公司規避 M 公司競業禁止條款的方式，跳槽 R 公司？
    · 偉強是否應該將 M 公司的遊戲開發相關資料提供給 R 公司？

2. M 公司層面（組織的道德問題）

    同質企業間的挖角本是企業經營中常見的行為，然而隨著現代企業間，許多工作在專業性與技術性層面越來越重要，企業間的挖角行為便涉及了商業機密的問題。M 公司挖角偉強的方式，便有可能涉及以下道德問題：

    · M 公司在挖角過程中是否應該要求偉強透漏原任職之 R 公司的遊戲開發相關資料？
    · M 公司是否應該為協助偉強規避 R 公司的競業禁止條款，提出欺騙式的職稱與就業方式？

三、有哪些利害關係人？

此事件的主角為偉強，其涉及的道德問題非與其他個人有關，而為同業之間的挖角行為，因此主要關係人如下：

· 偉強：本個案主角，任職 R 公司，M 公司挖角對象。與 R 公司的工作合約中有競業禁止相關條款，雖有意願跳槽，但對 M 公司之挖角條件有道德上的疑慮。
· R 遊戲公司：偉強任職公司。現代企業經營為維護營業秘密與企業的合法利益，通常會透過競業禁止條款，限定員工在離職後不得在一定之區域從事與原僱主相同或類似之工作，R 公司在與偉強的工作契約中，便有相關條款。
· M 遊戲公司：挖角偉強的公司，雖知道偉強與 R 公司的契約情況，但仍透過其他方式規避相關規範，試圖挖角對公司有助益的同業中其他公司的員工。

四、有哪些解決方案？

就本個案主角偉強的角度出發，提出以下幾個方案：

方案 1：完全同意 M 公司的挖角方案，從 R 公司離職後，進入 M 公司同企業體的另一網路公司工作。

方案 2：提出接受挖角的意願，但對 M 公司堅持不能提供他在 R 公司參與的遊戲開發相關資料，與 M 公司對跳槽條件重新討論。

方案 3：拒絕 M 公司的挖角，並將相關實情呈報給 R 公司，提醒公司注意，並藉此表現自己對公司的忠誠度。

五、評估各方案的道德性？

以下分別從效益論、義務論、德行論以及相關法律對所提出的三項解決方案進行分析：

（一）從效益論的面向來看

方案 1

偉強跳槽 M 公司對 M 公司在遊戲開發上會有幫助，對自己的工作價值亦有增加。但將 R 公司遊戲開發資料透漏給 M 公司，會嚴重影響 R 公司的營業秘密，造成 R 公司的損失。如果此跳槽情況被 R 公司發現，對挖角的 M 公司商譽，必有嚴重毀損，甚至有法律責任；對偉強自身，亦可能須負起相關法律責任。就整體效益而言，應該是負的。

方案 2

偉強若能以謹守營業秘密洩漏的相關法律規範為基準，再跳槽 M 公司，對 M 公司的遊戲開發會有幫助，對自己的工作價值亦有增加。然而 R 公司失去偉強，且此員工被挖角至同性質的公司，就算不違反競業禁止條款，也有可能對公司有所損失。就整體效益而言，應該是正的。

方案 3

偉強將實情呈報給就職的 R 公司，其個人在工作價值的增加上，可能無法如直接跳槽 M 公司那麼快速，但舉報 M 公司不恰當的挖角行為，也是自我價值增加的另一種方式。R 公司獲知 M 公司的挖角行為，可更加嚴謹的防範競爭同業的不當競爭手段，降低公司損失；M 公司沒達到預期成效挖角失敗有所損失，則需要重新調整策略。就整體效益而言，應該是正的。

（二）從<u>義務論</u>的面向來看

方案 1

就偉強而言，跳槽的動機雖然是爲了追求更好的工作價值，但透過洩漏 R 公司的遊戲開發資料讓自己獲得更好的工作機會，動機便不是完全善了，就動機處，他會爲了自己的機會，犧牲公司的營業機密。M 公司不當的挖角行爲在動機上也不是善的，甚至是將偉強視爲獲取競爭公司相關資料、讓公司相關業務受益的工具。

方案 2

就偉強而言，不違反相關法律規範的條件下跳槽，以追求更好的工作價值爲動機，是善的。

方案 3

就偉強而言，將 M 公司不當的挖角行爲呈報給 R 公司，在動機上是不希望以不恰當的方式被挖角，不願個人被當成同業競爭中的工具，也不希望 R 公司因爲 M 公司的挖角行爲而受到損失，因此是善的。

（三）從<u>德行論</u>的面向來看

方案 1

就偉強而言此方案讓他喪失了誠信，也過於貪心；而 M 公司的挖角方式是損人的，會對 R 公司造成損傷，且過於奸詐。

方案 2

就偉強而言此方案是他自重的表現，也展現了他誠信的態度，且願意與來挖角的 M 公司重新討論條件，也是一種勇氣的表現。

方案 3

就偉強而言跟公司呈報 R 公司的不當挖角，展現了自重且勇敢的態度，也是一種明智的表現。

六、有哪些實際上的限制？

（一）個人層面（偉強視角）

方案 1

偉強接受 M 公司的挖角，離職後進入 M 公司同企業體的另一網路公司，在公司、職稱與實際工作內涵不相符合的狀況下，不一定真的能如其所願展現其工作上的才能，且此挖角實情若被 R 公司發覺，甚至有可能成為法律訴訟案件，在極有可能敗訴的情況下，須對 R 公司賠償，甚至喪失工作機會。

方案 2

偉強與 M 公司重新討論被挖角的條件，所消耗的時間可能會更長，M 公司若堅持條件，偉強只能被動地選擇同意與否；挖角過程中 M 公司若無法達成其預設目標，可能也會放棄挖角偉強。

方案 3

偉強將 M 公司不當挖角實情呈報 R 公司，在實際執行上沒有限制，只是偉強在工作上，便少了一條可成就自己工作上更好價值的機會。

（二）就相關法律規範的角度而言

方案 1

偉強與 M 公司有可能違反偉強與 R 公司所簽訂的競業禁止條款，並會違反營業秘密法。

方案 2

偉強與 M 公司雖不違反營業秘密法，但在洽談跳槽事宜中仍需確認是否會違反偉強與 R 公司所簽訂的競業禁止條款。

方案 3

不違反相關法律規範。

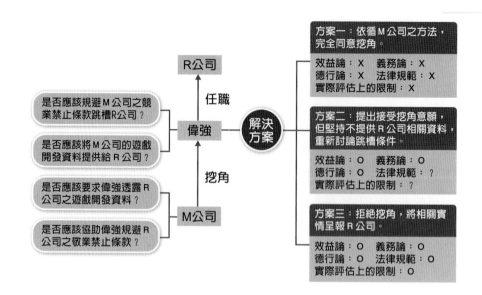

七、該做哪些最後的決定？

統整以上第五、六兩點就道德性與實際執行層面的方案分析，我們將上述分析製做出簡易的表格（是否符合以 O、X、？三種符號顯示）：

	道德性評估			相關法律規範	實際限制評估
	效益論	義務論	德行論		
方案 1	X	X	X	X	X
方案 2	O	O	O	？	？
方案 3	O	O	O	O	O

（符號說明：O 為符合或能實踐，X 為不符合或違反，？為無法直接判定）

透過整體之分析以及表格的整理，我們獲得以下結論：

1. 「方案 1」直接接受 M 公司的不當挖角，無論就道德性或實際執行上，都有很大的問題，因此不建議偉強執行。

2. 對於「方案 2」與「方案 3」的選擇，純粹就道德性而言，較無顯著差別，但在法律規範上，「方案 2」有較多的疑惑，必須先行確認。就實際執行上，「方案 2」相較於「方案 3」，亦較有困難。

3. 因此，就偉強個人而言，建議其先確認自己對於工作價值的追求，是否在近期內很希望自己有所突破，而此突破確實是必須轉換工作才有可能比較快達成的？若是，則偉強可以嘗試進行「方案 2」；若否，則以「方案 3」為佳。或是，

偉強先以「方案 2」為目標，若在與 M 公司在條件討論上無法達成協議，或發現 M 公司執意要求他洩漏 R 公司的遊戲開發資料，那麼偉強可以轉而選擇「方案 3」。

八、相關法規

（一）競業禁止

競業禁止牽涉的是勞工的生存權及工作權兩基本人權，以及企業之營業秘密與其他合法利益的權利，兩者之間可能的矛盾，其目的在於保護僱主營業秘密，以及防止員工離職後造成同業間的不公平競爭。台灣目前沒有直接的關於離職後的競業禁止相關法規（勞動契約法第十四條有規定，但此法未公曾布施行），因此必須參考相關法律、判例、判決。且競業禁止條款的簽訂目前屬非要式契約，只要契約當事人合意，契約即成立，但建議要有書面契約最佳，而簽訂相關約定應注意以下幾項基本內容：

1. 競業禁止之明確期限（包括起訖時間及期限）。
2. 競業禁止之區域範圍（如行政區域或一定之地域）。
3. 競業禁止之行業或職業之範圍（如特定產業或職業）。
4. 違反競業禁止約定時之處理方式（如賠償訓練費用或違約金）。
5. 例外情形之保障（如勞工因不可抗力之原因而違反）。

（二）營業秘密

參照營業秘密法。

第五節　臺灣的毒雞蛋芬普尼事件[5]——我與合作廠商

一、事實為何？

2017 年 6 月荷蘭雞蛋受芬普尼[6]污染的事件爆發後，歐盟有 16 個國家受到毒蛋波及。政府為求謹慎自行檢驗國內雞蛋，農委會於 8 月 22 日公布，國產雞蛋驗出芬普尼超標，總計彰化 3 家蛋場雞蛋先下架，9 萬隻雞之後撲殺。農委會畜牧處當時表示，針對全國約 2000 家蛋雞場，防檢局將於 24 小時內完成採樣，並且預定 3 日內完成檢驗，檢出不合格之蛋禽，比照已驗出芬普尼陽性之 3 家禽場，必須將場內與上市雞蛋全數銷毀。台灣的毒蛋事件就此展開。

防檢局查到芬普尼殘留量最高的彰化連成牧場使用去年已公告停用的芬普尼水懸劑，農民將來路不明的藥用在蛋雞上面，依照《動物用藥管理法》，可裁罰六到三十萬元，販售者也有刑責問題。據農委會和雞農說法，芬普尼主要是用在防治蛋雞雞蝨及周遭蒼蠅，但由於蛋雞生的蛋是要給人吃，因此，農委會早前已明確規定農民不可使用環境農藥於食用動物身上，但若用在雞舍環境清潔，空舍時可使用環保署核准通過的環境用藥，這便包含有芬普尼成分的藥劑。

環保署化學局說明環境用藥按照濃度高低，有不同管理方式，市面上的蟑螂、螞蟻藥許多都含低劑量的芬普尼成分，一般民眾可以買到的藥，雞農也可購買來清潔雞舍，但有些芬普尼濃度較高的藥，只有合格病媒防治業者可以購買、使用。目前病媒防治業者多半使用於大樓清潔，而非消毒雞舍，但若雞農有需要仍可以從專門的病媒防治業者那邊購買。

因芬普尼農藥規定只限於用在種植業上，因此防檢局在進行畜牧業抽驗時，並未將芬普尼列為檢驗項目。為了防止毒蛋事情再次發生，防檢局將在未來抽驗時將芬普尼列為檢驗指標，並且呼籲畜牧業者勿降低成本，違法使用農藥。若業者意欲驅除害蟲，可利用一般的消毒水驅蟲。

芬普尼毒蛋事件引起台灣食安問題，估計約已有 3 百多萬顆蛋被消費者吃下肚。面對國內毒蛋事件的發展，專家認為，我國雞蛋溯源系統並不健全，實際出產多少蛋、流向何處都不夠明確，應趁機建立制度並介入輔導，才能避免食安事件不斷發生。

5　有關台灣雞蛋芬普尼的資料整理自譚有勝（2017），〈芬普尼毒蛋事件農委會：強化檢驗〉，台灣醒報，2017 年 8 月 22 日。網址：https://udn.com/news/story/10927/2657725；吳欣恬、謝介裕、蔡淑媛、李忠憲、李立法、邱芷柔（2017），〈毒雞蛋擴大 4 縣市再增 10 場〉，自由電子報，2017 年 8 月 25 日；侯俐安、陳珮琦（2017），〈毒蛋風暴西台灣幾全淪陷百萬顆雞蛋封存〉，聯合報，2017 年 8 月 27 日。網址：https://udn.com/news/story/10927/2666220

　　芬普尼是一種殺蟲劑；是防治農作物害蟲的農藥，也是環境用藥，及寵物外寄生蟲防治用藥。可殺滅白蟻、甲蟲、蟑螂、扁蝨等或是寵物跳蚤。

6　芬普尼是一種殺蟲劑；是防治農作物害蟲的農藥，也是環境用藥，及寵物外寄生蟲防治用藥。可殺滅白蟻、甲蟲、蟑螂、扁蝨等或是寵物跳蚤。

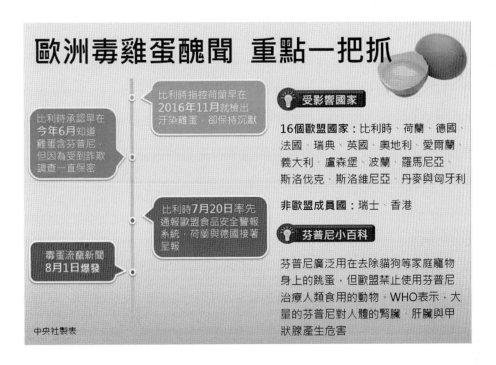

歐洲毒雞蛋醜聞 重點一把抓

比利時承認早在今年6月知道雞蛋含芬普尼，但因為受到詐欺調查一直保密

比利時指控荷蘭早在2016年11月就檢出汙染雞蛋，卻保持沉默

比利時7月20日率先通報歐盟食品安全警報系統，荷蘭與德國接著呈報

毒蛋流竄新聞8月1日爆發

受影響國家

16個歐盟國家：比利時、荷蘭、德國、法國、瑞典、英國、奧地利、愛爾蘭、義大利、盧森堡、波蘭、羅馬尼亞、斯洛伐克、斯洛維尼亞、丹麥與匈牙利

非歐盟成員國：瑞士、香港

芬普尼小百科

芬普尼廣泛用在去除貓狗等家庭寵物身上的跳蚤，但歐盟禁止使用芬普尼治療人類食用的動物。WHO表示，大量的芬普尼對人體的腎臟、肝臟與甲狀腺產生危害

中央社製表

二、道德（倫理）問題何在？

　　雞蛋與民眾的日常生活相當緊密，各式各樣的料理、餐點，皆與雞蛋具有關聯性，從早餐吃的蛋餅、三明治，到中餐自助餐的荷包蛋、蒸蛋、番茄炒蛋，以及晚餐吃的蛋包飯、蛋花湯，又或者是甜點中的蛋糕和餅乾、台灣名產鳳梨酥與蛋捲等，其都含有雞蛋的成分。根據農業委員會統計，台灣雞蛋年產量高達 73 億顆，平均每人一年吃掉 300 顆蛋，等於每一到兩天就吃一顆蛋。

　　由於雞蛋是料理常用的食材，蛋農更是許多食品行業的合作廠商。因此，當我國的雞蛋被檢驗出遭受芬普尼汙染後，與雞蛋相關的各項食品業，幾乎都受到影響。而對於蛋農而言，作為各種食品的合作廠商，也造成相當程度的損失。蛋農所面對的道德（倫理）問題在於為了讓雞蛋不受病蟲害的侵擾，驅除害蟲時到底應該要採取商業決策，還是道德決策？

　　美國學者安[7]（Ann E. Tenbrunsel）指出，當一項決策具有道德內涵時，人們的預測行為與實際行為之間常會產生落差，原因在於道德意識的消退。當你做決策時的道德意識消退時，你所做的決策便會忽略了道德決策，會從眼前的短期利益去思考，並使得自己原先所預測的行為與實際的作為之間產生明顯且缺乏道德感的落差。當合作廠商缺乏道德決策時，對自己、他人、社會、國家、全球可能帶來的傷害。

7　馬科斯（Max H. Bazzerman）、安（Ann E. Tenbrunsel）編著，李洪濤譯 (2012)，《發現你的道德盲點》，上海：格致出版社，頁 55-58。

合作廠商所面臨的道德（倫理）問題，就在於當你在做與其他合作廠商、企業的相關決策，有沒有將道德感加入，亦即所做的決策是道德決策，而非單單只是從成本利益所考量的商業決策，更不是矇騙隱藏的錯誤決策。

當個人面臨倫理困境時，通常會評估決策行為對利害關係人的潛在傷害，傷害愈大愈可能促使個人傾向支持符合倫理的行為。

2017 年毒蛋事件所面對的道德（倫理）問題就是這些蛋農們在使用這些會使雞蛋含有芬普尼的殺蟲劑時，當時在做決策時，所考量的是如何讓雞蛋增加能獲取利益，還是會去注意所使用的殺蟲劑會對雞蛋造成何種影響，亦或是解決病蟲害問題的同時會去考量到合作廠商、消費者的安全呢？

三、有哪些利害關係人？

毒蛋事件的利害關係人包含的範圍相當廣，本文的重點是強調合作廠商，因此首要關係人就是蛋農，其次則是蛋農將生產的蛋銷往到全國的合作廠商（合作廠商相當廣泛），至於政府必須處置此事件以及日後需制定相關管理規定，故政府亦是重要關係人，最後，這些雞蛋都會進到消費者腹中，因此消費者也是關係人。所以，毒蛋事件的利害關係人，包括蛋農、各種食品產業、政府及消費者。

四、有哪些解決方案？

　　作為許多食品產業合作產商的蛋農，面對生產雞蛋時，如何避免出現毒蛋，必須因應考量的倫理問題，即該從成本效益分析去處理雞蛋的生產問題，抑或是必須從保障合作廠商、消費者的安全來處理雞蛋生產的問題，面對這些問題與決策，本文提出三項方案：

方案	名稱	內容
方案1	直接採取商業決策	蛋農採取從成本效益分析去追求最大利益的商業決策。
方案2	直接採取道德決策	蛋農採取能重視合作廠商、消費者食品安全的道德決策。
方案3	先從商業決策思考，再採取道德決策	蛋農先從成本效益分析後，再判斷何種方式能保障合作廠商、消費者食品安全的道德決策。

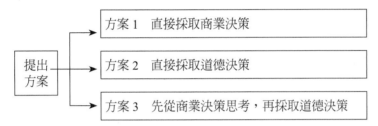

五、評估各方案的道德性？

　　以下針對此三種方案，予以評估各方案的道德性、具有那些實際限制，以及作最後的決定。

　　方案1：直接採取商業決策

不符合效益論	蛋農直接採取商業決策的行為，其追求的正面效益在於蛋農可以透過成本效益分析來獲得最大利益；而其負面效益則是蛋農會忽略了對合作廠商、消費者應盡的責任，故不符合效益論。
不符合義務論	蛋農直接採取商業決策行為的動機，從成本效益分析來追求最大利益，但由於忽略了對合作廠商、消費者應有的責任，行為本身不具有正當性，故不符合義務論。
不符合德行論	蛋農直接採取商業決策的行為，是用成本效益分析來追求最大利益，但卻忽略了對合作廠商、消費者應有的責任，只求私益而忽略公益的自私者，不具有美德，故不符合德行論。

方案 2：直接採取道德決策

符合效益論	蛋農直接採取道德決策的行為，其追求的正面效益在於蛋農可以保障合作廠商、消費者的食品安全；而其負面效益則為蛋農從成本效益分析後可能會出現減少其利益，故符合效益論。
符合義務論	蛋農直接採取道德決策行為的動機，在於保障合作廠商、消費者的食品安全，這項行為具有正當性，故符合義務論。
符合德行論	蛋農直接採取道德決策的行為，是為了保障合作廠商、消費者的食品安全，此種重視公益的行為具有美德，故符合德行論。

方案 3：先從商業決策思考，再採取道德決策

符合效益論	蛋農先從商業決策思考，再採取道德決策的行為，其所追求的正面效益在於蛋農可以先進行成本效益分析後，再重視到合作廠商、消費者的食品安全；而其負面效益為蛋農從成本效益分析後可能會出現減少其利益，故符合效益論。
符合義務論	蛋農先從商業決策思考，再採取道德決策的行為的動機，在於考量成本效益後，再重視合作廠商、消費者的食品安全，這項行為具有正當性，故符合義務論。
符合德行論	蛋農先從商業決策思考，再採取道德決策的行為，是為了能考量成本效益後，再重視合作廠商、消費者的食品安全，此種重視公益的行為具有美德，故符合德行論。

六、有哪些實際上的限制？

有關實際限制的目的，本文就蛋農必須處理雞隻的病蟲害問題，對於成本與利潤、對合作廠商、消費者的安全，作為方案評估的依據。

方案 1：與多家合作廠商合作分散風險

蛋農從成本與利潤的角度，直接採取噴灑農藥的商業決策所獲得的利益，可能會有觸法之虞，進而造成商譽受損，影響日後與其他廠商的合作關係，造成商業利潤的減少。

方案 2：每次皆再送去檢驗單位檢驗

蛋農重視合作廠商、消費者的安全，直接採取道德決策，有助於商譽，但可能會因成本過高而導致利潤受損，而如果提高價格卻又擔心市場競爭力降低，無法與其他蛋農競爭而無法獲取合理利潤。

方案 3：訂定罰則要求合作廠商履行契約

　　蛋農先從商業決策思考，再採取道德決策的目的，是在考量成本效益後，再重視合作廠商、消費者的安全，這樣一來有助於商業競爭與商譽，但如果商業決策與道德決策兩者之間落差過大，難以弭平，則可能會陷入兩難情境。

七、該做哪些最後的決定？

　　上述三個方案，「方案 1」為直接採取商業決策、「方案 2」則是直接採取道德決策、以及「方案 3」先從商業決策思考，再採取道德決策，經由道德評估與衡量實際限制的分析，得出「方案 2」的直接採取道德決策、以及「方案 3」的先從商業決策思考，再採取道德決策，對於合作廠商、消費者的飲食安全較有保障。然而，對於蛋農而言，如果這項產業為了公益而導致他們無利可圖，這項產業也難維持，因此，本文認為「方案 3」先從商業決策思考，再採取道德決策，較為務實，不僅考量私益，同時也能重視、力求公益與私益之間的平衡，如此方能讓合作廠商、消費者的飲食安全受到保障，同時也能讓蛋農在此產業繼續生存。

　　政府因應國內雞蛋檢出農用藥劑芬普尼引起各界關注，同時也強調經檢出不合格蛋品的蛋雞場，政府採行以下措施全面管控，以避免有疑慮蛋品流出。2017 年 11 月 27 日，衛福部、農委會完成雞蛋芬普尼殘留量標準，建議容許量為 0.01 ppm。這項措施，衛福部食藥署於 2018 年 1 月 8 日正式預告，最快將在本年 4 月實施。

　　針對雞蛋所新修的規定，雖然政府一再強調這項標準比歐盟嚴格、較美國寬鬆，同時依據國人的飲食調查，是在安全的範圍內，但仍讓國人有些疑惑的是，在這次毒蛋芬普林事件中，國內亦有許多蛋農並未檢驗出有毒蛋品，並完全符合當時的規定，亦即蛋農是可以做得到符合標準，且仍有利潤可言，但是為何政府要作此檢驗標準的修正呢？政府這項決策是道德決策，抑或是商業決策呢？令人不解。

第六節　被遺忘的消費者權益——我與消費者

一、事實為何？

　　海頓麵包烘培坊是國內知名糕餅連鎖店，主打五星級品質的享受卻只要平易近人的價格，它們的行銷策略確實成功地將它們的產品打入市場，創造全國超過四百家店面，年營業額 50 億的成果。

　　杜瑞峰原來是海頓麵包烘培坊「總公司門市部」的一名員工，因舉家遷徙到中部，因此請調至「中部分公司門市部」。在公司內部，因個人因素請調並不是容易的事，必須等待分公司確定有員額才可能請調成功。但非常幸運的，杜瑞峰的申請通過，他正式成為中部分公司販賣部的一員。

　　杜瑞峰很快地與中部分公司販賣部的同仁打成一遍，且能力頗受分公司門市主管的肯定與信任。到職半年後，店長私下找他，告知他為了提報更好的銷售業績給總公司，門市部門會私下回收即將過期的產品，並重製保存期限，延長販賣時間。因此，他希望未來杜瑞峰也能協助回收即期產品與重製保存期限，也請杜瑞峰能為了分公司的營利，保守秘密，有機會也會為他晉升與調薪。

杜瑞峰聽到店長如此表明，一則以喜，一則以憂。喜的是他的工作能力受到主管的肯定，未來甚至有升遷的機會，憂的是回收販售與更改保存期限都是欺騙消費者的行為，這麼做如果被發現鐵定會吃上官司，且違逆主管的意思似乎也不妥當。此時的他實在不知道該怎麼辦？

二、道德（倫理）問題何在？

門市主管的層面（個人的道德問題）
門市主管是否應該回收即期產品以及重製產品標籤後販售呢？
門市主管回收產品再販售的舉動已逾越道德範疇且是法律問題。
廠商須對產品標示須清楚正確：消費者有「知的權利」，因為產品標示資訊將影響消費者對商品的評價，廠商必須提供正確且足夠的資訊給消費者。「商品標示法」法規是企業經營者應遵守的法令之一，其目的在於維護企業經營者的信譽，並保障消費者權益。重製產品標籤顯然是違反商品標示法的行為。
廠商對產品具有責任：對消費者而言，購買商品最基本的權利，就是可以安全地使用購買之產品，不因為商品的瑕疵而造成傷害或承受風險。「消費者保護法第 4 條」：企業經營者對於其提供之商品或服務，應重視消費者之健康與安全，並向消費者說明商品或服務之使用方法，維護交易之公平，提供消費者充分與正確之資訊，及實施其他必要之消費者保護措施。因此，回收即期產品再製後販售，則相當可能危害消費者之健康與安全，全然是違法之行為。

公司層面（組織的道德問題）
總公司是否應該提升內部管理監控機制，避免出現損及消費者利益的情況出現？
在這個案例中，公司管理應出現漏洞，其未盡到管理與監督的職責，公司對消費者應負起法律與道德之責任。
公司需做好管理監控之責任：公司治理規範了公司各個參與者的權利與義務，也確立了決定公司事務時所應遵循的程序與規則，以兼顧各個利害關係人的利益，且保證各利害關係人的信任。在這個案例中，公司內部並未做好對分公司門市業務的監管職責，使其變造標籤、販賣問題商品給消費者，這是總公司未做好管理監控所導致的結果。
總公司需負起連帶責任：員工代表公司，任何員工的不道德行為，將損及公司形象，員工不道德行為若危害了消費者或一般社會大眾利益，公司無法以員工個人行為為理由，逃避後果與責任。在此事件中，事件仍未爆發，總公司必須盡快處理分公司門市所造成的錯誤，盡可能地彌補錯誤，對消費者之傷害降到最低。

三、有哪些利害關係人？

門市主管、杜瑞峰、總公司管理階層、消費者。

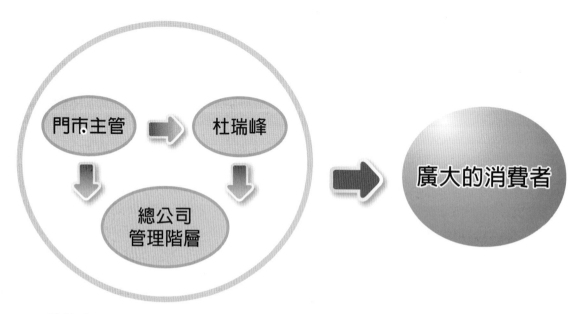

讓杜瑞峰兩難的困境是：是否接受門市主管的要求，回收產品與更改標籤。杜瑞峰需考量他與主管之間的利害關係，以及總公司利益和消費者利益。思考出適當的解決方案。

四、有哪些解決方案？

（由杜瑞峰的角度提出解決方案）

方案 1：接受主管的要求。為了保住工作，且執行主管的命令是重要的事，故接受門市主管的要求，回收產品及更改標籤。

方案 2：拒絕接受門市主管的要求，並規勸門市主管。為了避免自己違法且保障消費者的權益，直接拒絕門市主管的要求且規勸他。

方案 3：做一個吹哨子的人，向公司舉發門市主管的違法一事。

五、評估各方案的道德性？

（一）從效益論的面向來看

方案 1：接受門市主管的要求

杜瑞峰	選擇此一方案有助於建立自己與門市主管之間的關係，成為門市主管的「自己人」似乎有助於自己在職場上的發展。但相反地，若造假的事件爆發，自己將面臨總公司嚴重的處分，未來也可能面對牢獄之災以及各種賠償。因此，從短時間來看，選擇接受主管的要求對自己是正效益，但長遠的來看，似乎接受主管的要求對自己而言是負效益。	負效益
門市主管	選擇此一方案對門市主管是正效益。他將更易於管理以及提升分公司的營業額。	正效益
總公司	選擇此一方案對總公司而言，短期內似乎有助於提升公司的營業額，但長遠地來看似乎是負效益，若分公司造假的事件被消費者發現，不僅公司品牌形象可能受損，總公司也必須負連帶賠償的責任。	負效益
消費者	若杜瑞峰接受門市主要的要求對廣大的消費者而言是負效益，分公司造假的行為將嚴重的損害部分消費者的權益。	負效益
選擇「方案 1」並不能為此事件中的大多數人造成最大多數效益，因此選擇「方案 1」並不恰當。		

方案 2：拒絕門市主管的要求與規勸他

杜瑞峰	選擇此方案即是與門市主管對立，不利於未來的工作與升遷對杜瑞峰而言是負效益。但相對而言，將能確保自己未來將不陷入總公司的處分與牢獄之災。短期而言，這個選擇對杜瑞峰而言是負效益，但長期而言卻較為適當。	正效益
門市主管	選擇此方案對門市主管而言是負效益的，因為杜瑞峰一方面已知造假一事，又不服從要求，將造成管理上的困難。但若門市主管瞭解此事的嚴重性願意聽從規勸，在不舉報與事件未攤開於陽光下的前提下，雖然門市營業額可能降低，但卻可免去門市主管可能面臨總公司的懲處與刑責。	？
總公司	選擇此方案，若門市主管聽勸導，讓商品回歸正常化，以後不再造假，對公司未來而言，則是正效益。但若門市主管不聽勸，則無實質效益。	？
消費者	選擇此方案，若門市主管願意聽勸，消費者未來將可避免買到問題商品，對廣大的消費者而言是正效益。但若門市主管不聽勸，則無實質效益。	？
選擇「方案 2」，在門市主管願意接受規勸的前提下，將有助於改變現狀，謀取更大多數人的幸福，但若門市主管不願意接受，那仍無法改變現狀，僅能避免自己陷於牢獄之災。		

方案 3：向總公司舉發門市主管違法一事

杜瑞峰	選擇此方案，若公司並無公正的舉發制度，這種做法對杜瑞峰而言是負效益的，他將觸犯職場上「越級報告」的大忌。當然，若公司內部的管理監督機制良好，舉報可能是一種選擇，但此舉是否對杜瑞峰有正效益，則需依照總公司高層態度而決定。	？
門市主管	杜瑞峰向總公司舉發，對門市主管是負效益。	負效益
總公司	杜瑞峰向總公司舉發，讓總公司高層得知此事，能在事件未被消費者發現前進行處理，將能挽救公司品牌形象，避免更大的損失，這種做法對總公司而言是正效益的。	正效益
消費者	杜瑞峰向總公司舉發，讓總公司於公司內部進行處理與改善，則避免消費者未來購買到問題商品，對消費者而言是正效益的。	正效益
選擇「方案 3」，因消費者的總數量遠大於杜瑞峰與門市主管，因此選擇這一方案對廣大的消費者是正效益，是符合效益論的看法的。		

（二）從義務論的面向來看

方案 1：接受門市主管的要求

　　這個選項似乎符合職場工作規範中：「上司想做的任何事情，你都要列為最優先的考量」，所以遵循主管的囑託與要求似乎是必要的，看起來也是符合作為一個職員應該遵循的義務。但當門市主管給予過分要求，且將會對他人權益造成極大傷害時，那麼遵循主管要求的義務就應該被考量。若接受門市主管的要求，則將「欺騙」廣大的消費者且「傷害」廣大消費者的健康，因此此一選項不具有較高的道德價值。

方案 2：拒絕門市主管的要求與規勸他

　　這個選項似乎違反職場工作守則：「上司想做的任何事情，你都要列為最優先的考量」。但拒絕門市主管要求這個做法至少使自己不要成為這個犯罪結構中的一員。此外，對門市主管進行規勸，其動機是為了維護公司和消費者的權益，盡可能減少對他人的名譽和身體的傷害，此種做法雖然損及自己的利益，但此行為具有更高的道德價值。

方案 3：向總公司舉發門市主管違法一事

　　作為一個公司員工，忠誠於公司是重要的義務。發現組織中錯誤或異常事件，進行舉報也是義務。杜瑞峰向總公司舉發門市主管違法一事，是忠誠於總公司且

維護總公司之利益，避免事件爆發損及公司品牌形象，造成更大的損失，此行為具有更高的道德價值。

（三）從德行論的面向來看

方案 1：接受門市主管的要求

杜瑞峰可以詢問自己兩個問題：

1. 做這份工作的目的在哪？杜瑞峰首先必須確認這個工作與他的人生目標是否相符，這份工作對於他的人生意義是什麼？如果他的人生目標純粹是為了賺錢與晉升，那麼接受門市主管的要求，繼續留在分公司努力，或許能達到他的目標。當然杜瑞峰也必須想到，若事件爆發，他所期待的目標將永遠無法達成。且若為了賺錢與晉升，似乎不一定要留在分公司中。但若杜瑞峰做這份工作的目的在於服務人群，在於改善顧客的生活，那麼「方案 1」並無法達到他預期的目的，更不可能符合德行論所期待的過幸福的生活。

2. 選擇了「方案 1」，符合哪些中庸的品格德行呢？是否過激或不足呢？杜瑞峰為了一己私利，面對主管不當地要求，仍舊選擇接受，他在人格氣質中應該缺乏了「勇敢」的品格，而偏向「怯懦」那一端。這似乎是不太恰當的選擇。

方案 2：拒絕門市主管的要求與規勸他

杜瑞峰依舊需問自己前述的兩個問題：

1. 做這份工作的目的在哪？

2. 選擇了「方案 2」，符合哪些中庸的品格德行呢？是否過激或不足呢？拒絕不正當的事符合了「勇敢」和「明智」這兩個品格；即使對自己不利，他仍勇於對抗主管不正當的行為，這是「高尚」的品格。此外，發自內心「規勸」，希望門市主管不再犯錯是「真誠」的品格。因此「方案 2」似乎符合更多品格要求。

方案 3：向總公司舉發門市主管違法一事

杜瑞峰須詢問自己兩個問題：

1. 舉發的目的在哪？舉發的目的是為了公司未來的經營以及品牌形象？是為了消費者的健康？是為了對公司表示忠誠？他必須將自己人生目標與這些目的進行對應，思索舉發這個行為能否達到他的人生目標。

2. 選擇了「方案 3」，符合哪些中庸的品格德行呢？是否過激或不足呢？向總公司舉報門市主管違法一事，是種「正義」，且對總公司而言較為「公平」，且舉報讓總公司知道這件事情，避免傷害的擴大，也避免自己陷入牢獄之災這是「明智」的表現。但杜瑞峰若無先勸告門市主管回收產品再販售與重製保存期限的嚴重性，進而越級報告，亦失去了他對門市主管的「真誠」品格。選擇「方案 3」似乎也符合較多的品格，但他應該考慮是否先勸說門市主管不要再犯，似乎較為恰當。

六、有哪些實際上的限制？

方案 1：接受門市主管的要求

接受門市主管的要求在執行的當下並無問題，但杜瑞峰須思考未來將面臨的法律與刑責問題。

方案 2：拒絕門市主管的要求與規勸他

拒絕門市主管的要求甚至勸告門市主管，避免成為門市主管的「自己人」將存在著一些風險，因為杜瑞峰可能知道門市主管正在執行違法之事，門市主管不一定會請他離職，但可能會被放置於一個無關緊要的位置，或者飽受工作上的刁難。杜瑞峰必須思考他能否承受。

方案 3：向總公司舉發門市主管違法一事

雖然吹哨子長遠地來看對公司最好，內部舉發也比外部舉發公司不當行為對公司傷害來的小，但組織內部往往不喜歡有人吹哨子，吹哨者往往被視為叛徒，因為有人吹哨子可能會造成公司日常運作被打亂、士氣遭受到質疑、員工間的敵意、高階主管的責任承擔與面子受損。因此，連帶地吹哨子的人往往會受到組織報復與內部排擠。例如：失去工作、考績和福利減損、調到較差的部門、晉升困難等等。因此，若杜瑞峰進行舉發，必然有不少需要承擔的風險。他必須思考能否承受。

有哪些道德規範

● 效益論
僅有門市主管可以獲得最大利益,並不符合效益論之要求。

● 義務論
門市主管的要求將可能損害廣大消費者健康與公司品牌形象,此舉並不符合義務論之要求。

● 德行論
度瑞峰人格氣質中應該缺乏了「勇敢」的品格。

有哪些實際限制

杜瑞峰需思考未來將面臨的法律與刑責問題。

方案一:
接受門市主管的要求。

有哪些道德規範

● 效益論
在門市主管願意接受規勸的前提下,將有助於改變現狀,謀取更大多數消費者的權益,但若門市主管不願急接受,那仍無法改變現狀,僅能避免自己陷於牢獄之災。

● 義務論
維護公司和消費者的權益,盡可能減少對他人的名譽和身體的傷害,符合義務論之要求。

● 德行論
拒絕不正當的事符合了「勇敢」和「明智」品格,勇於對抗主管不正當的行為,符合「高尚」的品格。真心「規勸」希望門市主管不再犯錯是「真誠」的品格。

有哪些實際限制

被門市主管刁難的風險。

方案二:拒絕門市主管的要求並規勸他。

解決方案

方案三:門市主管違法一事,向總公司舉發。

有哪些道德規範

● 效益論
選擇此一方案對總公司和消費者來說是有利的,但對門市主管可能是一種傷害。就杜瑞峰自己而言則須倚賴總公司的態度決定。但大體而言,這一方案對多數人是較有利的。

● 義務論
作為一個公司員工,忠誠於公司是重要的義務。發現組織中錯誤或異常事件,進行舉報也是義務。符合義務論之要求。

● 德行論
向總公司舉報門市主管違法一事符合「正義」品格,且舉報讓總公司知道這件事情,避免傷害的擴大,也避免自己陷入牢獄之災,這是「明智」的表現。

有哪些實際限制

被總公司刁難的風險。

七、該做哪些最後的決定?

	道德性評估			實際限制評估
	效益論	義務論	德行論	
方案 1	X	X	X	違法的風險
方案 2	?	O	O	受刁難的風險
方案 3	O	O	O	受刁難的風險

1. 將有違法的疑慮，故不應選擇此方案。

2. 從道德層面上評估似乎可行，但在實際操作上顯然有些風險，儘管他拒絕門市主管後，主管不一定會請他離職，但相當可能在工作上百般刁難他後讓他自己自動離職。

3. 從道德層面上評估也似乎可行，但在實際操作上顯然有些風險，且越級報告是職場大忌，若總公司的公司管理舉報機制完善，杜瑞峰可能立了大功，但也可能在官官相護的情況下，反而使自己陷入不堪的狀態。

綜而觀之，這三個解決方案皆有利弊，雖然「方案2」、「方案3」較符合道德要求，但也相當可能陷自己於不義。因此，杜瑞峰若能想清楚這份工作對自己的目的與意義在哪，他才能更堅定的知道自己應該站在哪一方。若杜瑞峰極度富有正義感，那麼他可能可以選擇「方案2」與「方案3」，先勸戒門市主管，若門市主管願意接受，他的目的即達成，若門市主管不接受，則選擇走向「方案3」。但若杜瑞峰僅只是想明哲保身，那麼他或許可以考量先順從主管的意思，且避免留下自己不法的證據，然後找機會離職，避免犯下更大的錯誤。

八、相關法規

（一）刑法

違反刑法第210條：將原本即將過期的食品，偽造為未過期的食品，這種偽造文書的行為已經損害社會大眾利益，應為偽造故意。

違反刑法第255條：門市竄改有效期限可視為意圖欺騙消費者，且虛偽表示該商品之品質。

違反刑法第339條：更改食品有效日期，虛偽表示有效期限，屬於施用詐術，使人因施用詐術之行為而陷於認為食品尚未過期之錯誤，並且購買之。消費者以相當對價而換取本應銷毀而無價值的食品，行為人明顯具詐欺故意及不法獲利之意圖。

（二）食品安全衛生管理法

第15條：回收產品重製有效期限再販售，即是攙偽與假冒。

第七節　政府對用手機通知加班處理案[8]——我與政府

一、事實為何？

近年來，智慧型手機的使用，改變了有些公司內部的運作方式。在台灣，現在手機即時通訊軟體發達（如 LINE），許多員工在下班後仍需隨時手機待命，等主管的 LINE 通知隨時加班。根據 1111 人力銀行調查調查顯示，51% 上班族（即員工）下班時間仍以手機通訊軟體處理公務，其中 33% 允許「僅交辦事務，工作日再處理即可」，另 18%「僅回覆訊息，不影響假日私務」。其餘 49% 則「手機加班」2 週平均 6.5 小時，相當於一個月平均 14 小時。

而下班後用手機通知加班到底算不算「加班工時」？有 24.6% 企業雇主會認定下班後運用手機交辦事務的在外工時爲「加班」，但僅 15.4% 企業雇主會依照勞基法給予補休或給予加班費；其餘 7 成中，47% 企業雇主認爲工作爲責任制，不算加班，29% 認爲沒進辦公室就不算加班。

調查也發現，這些下班後還時時留意手機通訊軟體的「待機族」，高達 88% 覺得困擾，他們認爲透過手機即時軟體處理公務的缺點，「長時間待命、造成無形壓力」有 71%；「生活受干擾、擔心隱私曝光」有 40%；但另外也有 65% 認爲用通訊軟體處理公務「方便、即時、有效率」、37% 認爲「文字溝通有憑據、避免爭議」、31% 覺得「與老闆互動密切、建立良好關係」。

面對企業透過手機軟體要求員工加班，且有些不給加班費的情形，勞動部於 2015 年 5 月 6 日公告《勞工在事業場所外工作時間指導原則》，規定在外工作者，包括新聞媒體工作者、電傳工作者（圖稿設計）、外勤業務員（房仲、壽險、金融理專）和大客車駕駛等，雇主即日起應依該原則逐日辦理工時記載，且勞工若超時工作應給加班費，否則可依《勞動基準法》開罰 2 到 30 萬元。

記錄工時的方式也不以簽到簿或出勤卡爲限，行車記錄器、GPS 記錄器、手機打卡、電話、網路回報、LINE 等 App 通訊軟體和發稿紀錄，只要是有「跡」可循皆可。但雇主被勞檢時，應提出書面紀錄。

8　相關事實整理自林雨佑（2014），〈LINE 待命變相加班 7 成企業認定不算加班〉，《新頭殼 newtalk》。2014 年 11 月 5 日。網址 http://newtalk.tw/news/view/2014-11-05/53240，與許俊偉（2015），〈勞部公告：外勤逐日記工時 超時發加班費〉，《聯合報》。2015 年 5 月 7 日。網址 http://udn.com/news/story/7269/886720- 勞部公告：外勤逐日記工時 - 超時發加班費。

要是正常工時（每日 8 小時）結束後，雇主以通訊軟體、電話等方式要勞工繼續工作，勞工可記錄工作起訖時間，並輔以對話、通訊紀錄或完成的文件送交雇主，雇主應即補登工時。

但有些雇主認為在外工作者出勤紀錄很難記載，有些人資主管抱怨，在外工作者看似工時長，但也常有不少自由運用時間；而不少房仲和保險業務員，常在客戶下班後的晚上時間才能帶客戶看房子、談保險；記者也常因突發新聞忙到深夜，由於這些工作性質特殊，在過去幾乎是沒拿過加班費，有些勞工說「誰敢拿對話紀錄向雇主要加班費？」認為這項規定，恐怕是「看得到、吃不到」。

由於智慧型手機的發展後，雇主或主管要求員工必須加入手機即時通訊軟體（如LINE 群組），方便相互溝通，交代業務或解決工作上的問題，有些雇主或主管還要求員工不能「已讀不回」，增加員工下班後的「工作」時間，雖然有些雇主或主管說沒有要求員工立即處理，但有些員工表示，有些業務要求明天交，所以大都無法耽擱，大都需要馬上處理的。現在政府針對某些在外工作者訂定雇主必須給予加班費的規定，但這些規定行得通嗎？能夠解決雇主或主管與員工之間用手機通訊軟體交代業務的問題嗎？

二、道德（倫理）問題何在？

　　企業雇主運用新科技要求員工配合的作為，所衍生出的問題，例如企業雇主可否用 LINE 交代員工下班後工作、而員工這種不在辦公室工作算不算加班等問題深受困擾。

　　政府面對當前企業雇主與員工之間有關勞資問題的處理方式，在制定或修改法律不夠明確，或是執行成效不夠積極，或是執行的結果對員工不利（如勞動基準法的處罰是行政罰，雇主被罰但罰款是交給政府，並非是給受害勞工），讓員工陷入想依據法律據理力爭，但卻又擔心工作不保的兩難困境。

三、有哪些利害關係人？

　　政府、企業雇主或主管、員工。

四、有哪些解決方案？

　　從員工想要繼續保有此工作的目的來看，針對政府對於企業用手機軟體要求員工下班後處理業務的法律規範，提出三個方案：

　　方案 1：跟雇主說明清楚不加班的理由

　　　　下班之後屬於員工的私人時間，為了保有個人生活空間（如進修、育兒、照顧父母等），所以不應該再處理工作上的業務，希望雇主或主管能夠尊重。

　　方案 2：選擇加班，並記錄加班時間要求雇主支付加班費

　　　　下班雖是員工的私人時間，但因為公司如有急事必須處理，身為公司的員工，應該加以處理，但因屬下班後的時間，理當算加班，自行記錄工作時間後，要求雇主必須依據勞基法支付加班費。

　　方案 3：選擇加班，但為避免與雇主發生爭執不要求雇主支付加班費

　　　　下班雖是員工的私人時間，但公司要求有要事必須處理，雖是佔用下班後的時間，然主管認為不在辦公室內處理公司業務是不算加班，為了避免與雇主或主管產生爭執而影響到工作，所以不要求雇主依據勞基法支付加班費。

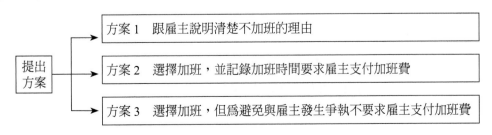

五、評估各方案的道德性？

針對方案的道德性，本案採取常見的三種道德原則，包括效益論、義務論與德行論，內容分析如下：

方案 1：跟雇主說明清楚不加班的理由

符合效益論	跟雇主說明清楚不加班的理由的目的，爲了能夠維護個人下班後的私人時間，保有工作上的尊嚴，是最大可能的善（即正面效益）；但可能會有失業之虞是最小的惡（即負面效益），故員工的這項行爲符合效益論。
符合義務論	跟雇主說明清楚不加班的理由的動機，是爲了能夠在下班後擁有自己的私人時間，具有正當性，故員工的這項行爲符合義務論。
符合德行論	員工個人跟雇主說明清楚不加班的理由，是爲了維護個人下班後的私人時間，保有工作上的尊嚴，具有美德，故能夠符合德行論。

方案 2：選擇加班，並記錄加班時間要求雇主支付加班費

符合效益論	選擇加班，同時記錄加班時間要求雇主支付加班費，其行爲目的是能不耽誤工作，也不影響自己權益，是最大可能的善（即正面效益）；但加班費造成與雇主或主管之間的爭議可能是最小的惡（即負面效益），故員工的這項行爲符合效益論。
符合義務論	選擇加班，同時記錄加班時間要求雇主支付加班費的動機，是能不耽誤工作，也不影響自己權益，具有正當性，故員工的這項行爲符合義務論。
符合德行論	選擇加班，同時記錄加班時間要求雇主支付加班費，既不耽誤工作，也不影響自己權益，同時能保有工作，具有美德，故員工個人能夠符合德行論。

方案 3：選擇加班，但爲避免與雇主發生爭執不要求雇主支付加班費

符合效益論	選擇加班，但爲避免與雇主發生爭執不要求雇主支付加班費，其行爲目的是能配合公司要求不耽誤工作，也不會影響自己與雇主或主管的關係，是最大可能的善（即正面效益）；但犧牲自己下班時間工作且無加班費是最小的惡（即負面效益），故員工的這項行爲符合效益論。
符合義務論	選擇加班，但爲避免與雇主發生爭執不要求雇主支付加班費的動機，是配合公司要求不耽誤工作，也不會影響自己與雇主或主管的關係，具有正當性，故員工的這項行爲符合義務論。
符合德行論	選擇加班，但爲避免與雇主發生爭執不要求雇主支付加班費，配合公司要求不耽誤工作，也不會影響自己與雇主或主管的關係，具有美德，故員工個人能夠符合德行論。

因此，從以上分析得知，「方案1」跟雇主說明清楚不加班的理由，「方案2」選擇加班，並記錄加班時間要求雇主支付加班費，與「方案3」選擇加班，但為避免與雇主發生爭執不要求雇主支付加班費，皆能夠符合三個道德法則。

六、有哪些實際上的限制？

方案的限制性是探討這項方案在實施時，會面臨到哪些有形的限制，而使得這項方案的可行性受到限制，或會影響原有的目的，或只是一種理想而難以落實。其內容分析如下：

方案1：跟雇主說明清楚不加班的理由

向雇主或主管明確表達不加班的理由，希望雇主或主管能諒解，但可能會有的風險如下：

(1) 雇主或主管若無法取得共識，擔心日後在公司的業務上會受到不利自己發展的影響。

(2) 雇主或主管會認為既然無法配合公司要求，擔心工作可能不保。

方案2：選擇加班，並記錄加班時間要求雇主支付加班費

選擇加班，但認為雇主或主管必須依據勞基法支付加班費，可能存在的限制有：

(1) 雇主或主管認為不在公司加班就不算加班，因此不同意依據勞基法支付加班費。

(2) 雇主或主管認為只是交代業務且不要求馬上完成，因此不能算是加班，所以不同意支付加班費。

(3) 雇主或主管認為公司性質不屬於勞動部所規定的行業，因此不同意支付加班費。

方案3：選擇加班，但為避免與雇主發生爭執不要求雇主支付加班費

選擇加班，但為避免與雇主發生爭執不要求雇主支付加班費的方案，由於是配合雇主或主管的要求，除了自己的私人時間受到影響外，對於保有自己的工作是比較不會有具體或可能的限制出現。

七、該做哪些最後的決定？

　　由於政府對於雇主或主管運用新科技要求員工配合的作為，現階段的法律未能完全或明確保障員工的權益，致使員工對於雇主或主管的這項作為，由於在家工作，或是非在公司內工作，很難確定是否屬於加班，一旦向政府主管業務機關，如各縣市勞動局檢舉，就算雇主被認定違反勞基法規定而遭受裁罰，裁罰的金額也是交給政府[9]，對於員工毫無立即且具體的幫助，反而會造成與雇主或主管之間的緊張關係，甚至在日後工作上受到不利自己發展的影響，甚至可能會因此失去工作。

　　如果雇主或主管能接受員工不加班的理由，相信雇主或主管就不會用此方式要求員工配合公司業務；如果雇主或主管同意支付非在公司內的加班，員工也不會有如此兩難的情境。因此，員工面對這項要求，多數還是會選擇「方案3」選擇加班，但為避免與雇主發生爭執而不要求雇主支付加班費，一方面能讓自己繼續保有這項工作，另一方面在日後的工作，不會與雇主或主管處於緊張關係，有利於自己在公司內的發展。

　　雖然這項選擇不是對於自己是最好的方案，但由於當前政府在法規與實際執行層面，對於員工皆處於較不利的情形，員工也只好選擇此方案了。

9　雇主違反勞基法遭受勞動局裁罰的罰鍰屬於行政罰，雇主不會留下犯罪紀錄，裁罰的金額是交給政府，因此員工如果想要求雇主賠償，必須再對雇主提起民事侵權行為的損害賠償訴訟，經由法院判決後才能獲得賠償。

第八節　經濟發展與環境污染之爭——我與環境

一、事實為何？

「我們只有一個地球」是大家都知道的事，然而知道是一回事，怎麼做卻又是另一回事。在追求經濟成長的時刻，對環境的破壞是一定得伴隨發生的結果嗎？遺憾的是，這答案透過事實已呈現在我們眼前。

近年來，台灣空污問題嚴重，暴露在高濃度 PM2.5 中，民眾罹患心血管疾病和肺腺癌機率增加。這些空污的來源為何？據學者研究，境外污染（含中國霧霾）僅占我國的空氣污染 30%，50% 來自工業排放，剩下 20% 則來自交通排放廢氣和其他空污來源。所以「境內污染」才是造成空污問題的主要因素。

大陸政府針對國內污染問題，已採取鐵腕措施，希望藉由強硬手段有效地遏止污染問題的持續擴大，相關資料可參見以下新聞：

2018-01-11 自由時報

中國台商重鎮昆山近來實施限污令，區域內企業人心惶惶，有台商透露，大上海、昆山地區已有 4 成至 5 成的台商自主停產停工，考慮將廠房遷移至其他地區。

《中國時報》報導，台商表示，中國對於環保議題施壓日大，昆山頂不住上級政府壓力，開始加強執行，其中數項要求對中小企業相當不利。像是中國環測標準規定廠房要有污水處理池，但完整的污水處理流程只有大型公司做得到，中型台商的排放污水一個月僅有幾噸，建構污水處理池不符成本效益。

報導指出，此外還有會造成空污的工廠，本來須離開周圍學校 500 公尺，但現在要遠離 1 公里，也就是說廠商幾乎是不搬不行。台商分析，台商裡能符合中國官方標準者，100 家裡不到 2 家，未來台商分佈將趨分散。

本報曾報導，昆山限污令從去年就開始實施，剛開始每兩個月限排一次、每次限排兩週，去年下半年變成每個月都有限排令，有時一週、有時兩週，直到去年十二月中突然宣布「停產」，雖然最後沒正式實施，但已透露出要「工廠好自為之」的訊息。不少台商表示：「珠江三角洲與長江三角洲都已不適合設廠，很多家準備退出昆山和東莞」。[10]

---

10 文字參考自：〈昆山限污令大逃殺近 5 成台商停產停工考慮遷移〉，網址：http://news.ltn.com.tw/news/business/breakingnews/2308571

　　中國引導產業轉型,限制污染性產業設廠;另一方面對於產能過剩的鋼鐵、水泥等積極調控去產能,因此石化、紙器、水泥及鋼鐵等供給減少、需求增加,產品報價較容易上漲,傳統產業大廠將得以翻身,電子高污染的 PCB 產業也是預期供給下降,漲價聲響起。

　　經過三〇年的經濟快速發展,中國污染日益嚴重,秋冬愈來愈常見的霧霾對人民身體傷害不言可喻,近年來中國政策對防止工業污染越發重視,一聲令下可使得一個地區工廠全數停工,台商面對此種政策必須多加小心,間接也將使得小廠被淘汰,對傳產及電子都被須嚴肅面對,否則對公司營運將帶來重大影響!

　　地處季風下游的台灣,近年來每到季節更換,空氣品質惡化已非新聞。找源頭,老是說就是中國惹的禍(當然台灣本身污染也不少)。台灣受不了,中國更受不了,戴口罩外出似乎已是必備。而經濟快速發展超過三〇年的中國,民眾開始有錢,對此當然不滿。執政者當然知道,尤其不管是水、空氣或是環境污染,這是禍延好幾代,對於將爭霸全球的中國是嚴重的內傷。於是近幾年政策開始對污染開鍘,遇到重大慶典,天子腳下的北京必須見藍天,一紙命令就可令方圓幾百里污染工業停工,但畢竟是權宜之計,就源頭還是要工廠降低或停止污染,以符合美麗新中國大夢。……

　　政策防污是必走方向:值得重視的是,一七年十二月二十七日大陸國務院已先發布「關於環境保護稅收入歸屬問題的通知」,指稱為了促進各地保護和改善環境、增加環境保護投入,決定將環境保護稅全部作為地方收入,這給了地方政府在環保稅的徵收上有更大裁量權。……[11]

---

11 摘錄文字參考自:〈限污令的意外贏家〉,網址:http://www.chinatimes.com/realtimenews/20180104002859-260410

相較於中國，台灣政府的措施就顯得相對薄弱。如齊柏林的紀錄片《看見台灣》意外地揭發出半導體大廠日月光排放廢水污染了高雄市的後勁溪。不過諷刺的是，齊柏林宣布開拍《看見台灣Ⅱ》的同一天，最高行政法院卻判決日月光勝訴，且高雄市環保局必須還給日月光一億多元罰金，狠狠打了「環保」一個耳光。在齊導過世前，又揭露了亞泥對台灣環境的傷害。

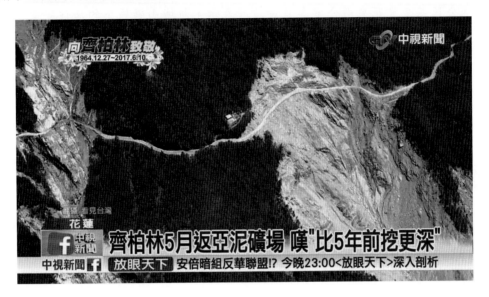

2017-06-12 自由時報

　　齊柏林五年前曾在紀錄片《看見台灣》中，拍下亞泥在太魯閣國家公園開設的採礦場，綠油油的山頭中，存在著一片赤裸的灰白景象，引發大眾關注礦場議題。齊柏林生前還特別拍了亞泥的採礦場全景照片，感慨說：「亞泥比五年前我拍《看見台灣》的時候，挖更深了。」

　　由於國內既有的一百九十五個礦場，多數是在環評制度建立前取得，只要面積沒擴大，礦權展延期限不用重做環評，近期亞泥在太魯閣的新城山礦場，礦務局又同意業者可展延期限廿年開採，引發環團及當地民眾抗議。

　　環保署為此已預告修正「開發行為應實施環境影響評估細目及範圍認定標準」，修正礦業權展延以後將比照新申請礦業用地，只要位於特定環境敏感區位或達一定規模都要進行環評。環保署副署長詹順貴說，環署對礦場展延期限要做環評的立場不變，齊柏林的感嘆，將更讓環署朝這方面前進。……[12]

---

12 摘錄文字參考自：〈重返太魯閣採礦場齊柏林嘆亞泥比5年前挖更深〉，網址：http://news.ltn.com.tw/news/focus/paper/1109904

2017-12-07 自由時報

　　根據政院版的「礦業法修正草案」，亞泥新城山礦區將補辦環評，地球公民基金會更希望已通過展限的亞泥案，也須踐行原住民族基本法第廿一條規定，在限期內取得部落同意。

　　地球公民基金會花東辦公室專員黃靖庭表示，新城山礦區下的居住安全需要被保障，族人捍衛家園的決心不變，肯定亞泥新城山礦區必須補辦環評。但針對原基法第廿一條納入礦業法中的部分，他期望草案能夠建立溯及既往的條件，規定亞泥在限期內取得部落同意。若未補做完成，可由礦務局撤銷其礦權或廢止其礦業用地。

　　玻士岸部落主席田欽賢建議政府在修法過程中，納入並落實原基法第廿一條規定，獲原住民族的諮商同意後才能開採。目前富世部落仍有少數民眾抗爭亞泥開採，將協調與亞泥平心靜氣溝通，尋求雙贏，維護部落族人原有的工作權及回饋需求。……[13]

　　經濟與環保問題的雙贏局面，或許必須從政府的高度審視，方能獲得合適的促成。身為政府，該如何面對國內產業一再而再對於環境的破壞？在追求經濟發展的同時，如何喚醒國人對於環境的重視，讓產業在創造利潤之際，也願意顧及與創造「永續經營」的可能性。

二、道德（倫理）問題何在？

（一）從個人層面來說，有哪些道德問題呢？

1. 住家受到工廠環境污染所傷害，是否繼續忍氣吞聲而不舉發呢？
2. 知道自己所任職公司有違法排污情形，是否該隱匿此事實？
3. 當身體受到環境污染所影響，是否該怕麻煩而不向污染來源業者求償？

（二）從組織層面來說，有哪些道德問題呢？

1. 公司對於成本與利潤平衡，是否該有納入環境維護的思考？
2. 對於公司經營所造成的環境傷害，是否該有自覺與反省，並試著想像進一步改善的可能性？

---

13 摘錄文字參考自：〈環團盼溯及既往展延也要獲原民同意〉，網址：http://news.ltn.com.tw/news/life/paper/1158066

3. 對於居民對環境污染所反應的意見，是否願意採納接受，並認真地思考減少對環境與當地住民的傷害？

4. 對於當地住民的傷害，是否該勇於負責並負擔起賠償的責任？

（三）從政府與社會層面來說，有哪些道德問題呢？

1. 對於污染環境的產業，是否該限制其產業的持續擴增，直至其改善到顯而易見的時刻才放行？

2. 對於當地住民對環境污染的意見，政府是否應該主動出擊進行蒐集，防杜更嚴重傷害的發生？

3. 政府是否該嚴格立法，讓願意造福台灣環境的優質產業根留台灣，而不是一昧地擔心產業出走，卻賠上台灣環境與住民的身體健康，加重台灣經濟的負擔？

三、有哪些利害關係人？

1. 主要利害關係人：產業與工廠（包含老闆、員工）、政府（攸關經濟與環保相關單位組織）。

2. 次要利害關係人：產業與工廠所在住民、全台灣人民、生態環境。

四、有哪些解決方案？

本個案主要為當政府遇到產業在發展的同時，卻對生態環境造成了大大小小的傷害，也對當地住民的身體健康，甚至人身安全造成了影響，政府該有什麼樣的對策來因應這類的問題？

方案 1：以經濟發展為優先，努力促成產業與民眾之間的和解（若造成傷害，鼓勵產業以賠償作為負責方案）。

方案 2：以經濟發展為優先，規勸產業自律，對環境與住民盡到應盡的義務。

方案 3：制訂污染防制法案與相關法規，對違反規定業者進行開罰。

方案 4：制訂嚴格的污染防制法案與相關法規，迫使不願意遵守規範的產業歇業或離開台灣。

五、評估各方案的道德性？

以下分別從效益論、義務論、德行論以及相關法律對所提出的三項解決方案進行分析：

（一）從效益論的面向來看

方案 1

(1)「正面」效益：透過經濟的成長，國家獲得快速的發展。（如處在落後地區國家，這是幫助其脫貧的最佳方式）在促成產業與民眾之間和解原則下獲得成功，倆者間相安無事，產業協助國家經濟發展能持續貢獻成果。

(2)「負面」效益：經濟發展的果實無法彌補對環境被破壞、住民身體受影響的損失，在政府努力促成產業與民眾之間的和解原則下，只會有惡性循環的產生。

方案 2

(1)「正面」效益：通過經濟的成長，國家獲得快速的發展，產業協助國家經濟發展能持續貢獻成果。在業者的自律下，自發性地注意到與環境、住民的連動關係，繼而發展出互信、互諒的互助關係。

(2)「負面」效益：產業過度膨脹自己，認為自身所進行的是利國利民的事業，不僅不願意敞開心胸聽取住民意見，更視住民與環保團體的聲音為挑釁、造謠生事的舉動，進而對立爆發許多不理性的衝突。

方案 3

(1)「正面」效益：遏止產業對環境與住民的傷害，政府主動地讓產業知道政府可以容忍的下限為何，迫使產業願意去思考與調適自身與當地環境與住民的融合問題，一同為經濟發展與永續經營共同努力。

(2)「負面」效益：政府所制訂的法規漏洞過多或過於寬鬆，業者可以輕鬆規避該負的責任，所造成的惡果卻是全民與環境共同承擔。

方案 4

(1)「正面」效益：主動遏止產業對環境與住民的傷害，政府強烈地讓產業知道政府可以容忍的下限為何，迫使產業願意去思考與調適自身與當地環境與住民的融合問題，一同為經濟發展與永續經營共同努力。根除不願意配合政府與不考慮「不傷害環境與住民」的產業，讓惡質產業離開台灣人民的生活圈。

(2)「負面」效益：產業不明所以，主觀地認為政府刁難，因而放棄耕耘台灣選擇出走，導致台灣產業外移，造成經濟發展下滑，甚至於停滯。

根據效益論的總評估：效益論的要旨在於促成「效益的極大化」，因此能讓國內經濟蓬勃發展，又能讓產業對當地環境與住民造成最小程度的影響，即是能

產生最多「正面效益」與最少「負面效益」的理想藍圖（所有的方案或任何的行為當進行後，均會產生一定程度的正面效益與負面效益）。就四個解決方案來說，「方案 2」為最相符於達成前述藍圖的方案。其中，以鼓勵方式規勸業者自律來盡到對於產業所在當地環境與住民的義務，而非以強制方式限制與逕行開罰（產業可能寧願選擇罰錢了事，或另尋更多方式規避責任，甚至選擇不在台灣繼續延續產業）。此方案若能順利逐行，喚起產業，甚至更多的民眾對於環境污染議題的重視，對人的權益的尊重，有希望能因此繃生對最大數人產生最大的幸福（福祉）。

（二）從義務論的面向來看

方案 1

(1) 對或錯：從政府努力發展經濟、意圖讓國家成長，與造福全台灣人民這些面向來看，符合了「增進福祉」、「關懷他人」與「幫助他人」（如：解決失業問題）等道德規範，實施這個方案來因應主要的問題來說是「對」的行為。不過，若從罔顧地方環境遭受污染破壞、住民身心健康遭受影響，此方案間接造成了「對他人的傷害」，也為顧及「尊重他人的權益」，故從此面向來觀察，該方案是「錯」的行為。

(2) 是否具有道德價值：若政府以此方案因應產業對環境與住民的影響，其動機明顯並非出於純粹為了牟取地方環境與住民的最大福祉，促成和解也並非只是為了關懷與幫助地方民眾，而只是希望產業能持續累積機經濟果實而已。故其動機並非良善地只是為了履行政府照顧環境與地方民眾的義務，執行此方案是不具有道德價值的。

方案 2

(1) 對或錯：從政府努力發展經濟、意圖讓國家成長與造福全台灣人民，又以鼓勵方式提醒產業注意自律，顧及他人的權益，而非強制以法規加以限制等等這些面向來看，符合了「增進福祉」、「關懷他人」、「幫助他人」、「維護他人權益」、與「鼓勵他人為善」等道德規範，實施這個方案來因應主要的問題來說是「對」的行為。

(2) 是否具有道德價值：若政府以此方案因應產業對環境與住民的影響，其動機不難想見是希望能兼顧經濟成長與對當地環境與住民的照顧，創造出「雙

贏」的局面，而不只偏重於任何一方。與「方案1」不同之處在於，此方案不是進行事後的補救，而是希望能防患於未然，並透過業者的自發與自律，各方負起應盡的義務與責任。故由此考量其動機，執行此方案是具有道德價值的。

方案 3

(1) 對或錯：政府採取此方案可謂是顧慮到產業對當地環境與住民的影響，為能有效遏止，故制訂罰則讓業者對於地方所造成的污染有所警惕與反省。就此面向來看，符合了「尊重他人權益」與「關懷與幫助他人」等道德規範，故而實施這個方案來因應主要的道德問題來說是「對」的行為。

(2) 是否具有道德價值：若政府以此方案因應產業對環境與住民的影響，其動機不難想見是希望能針對當地環境與住民做出妥善的照顧，並以強制手段來實現這個設定的目標。其動機可謂是為了履行「尊重他人權益」與「關懷與幫助他人」等道德規範為出發，由此進行考量，執行此方案是具有道德價值的。

方案 4

(1) 對或錯：政府採取此方案可謂完全是顧慮到產業對當地環境與住民的影響，且希望能強而有效地遏止，甚至杜絕諸如此類的情形再次發生，可謂是以最強硬的態度面對產業所造成的污染問題。就此面向來看，符合了「尊重他人權益」與「關懷與幫助他人」等道德規範，故而實施這個方案來因應主要的道德問題來說是「對」的行為。（不過，產業是否真的無可救藥，或對於規範的認同度是否與政府不同，需進一步深入進行瞭解。若一昧地只考慮到剷除對地方環境造成污染影響的產業，而不顧及其對於台灣經濟成果的貢獻，對其應具有權益的侵害，是執行此方案必須顧慮的細節）

(2) 是否具有道德價值：若政府執行此方案來因應產業對環境與住民的影響，其動機可見完全是希望能針對當地環境與住民做出妥善的照顧，並以相當強硬的手段來實現這個設定的目標。其動機可謂是為了履行「尊重他人權益」與「關懷與幫助他人」等道德規範為出發，由此進行考量，執行此方案是具有道德價值的。

　　根據義務論的總評估：就義務論奠基在對的行為的思考上，仍再進一步地對道德行為做出價值評估來看，本個案中的「方案2」、「方案3」與「方案4」

皆是道德上「對的」且「具有道德價值」的行為，是義務論會認同，且殷殷期盼該努力去履行的道德義務。從這些方案的內容來看，道德義務皆明顯著重於我們該尊重環境與住民的應有權益與權利，而不該以經濟果實的創造而忽略了平衡。這些方案的差異點在於手段上，從溫和到趨於嚴厲。但本質上都是希望能創造出讓產業與環境、住民雙贏的局面。

（三）從德行論的面向來看

方案1

(1) 仁慈：希望國家的人民在成長的經濟環境下，福祉能獲得提升與增加。

(2) 和善：對於衝突的發生，總是希望雙方（產業與住民）能妥善且和緩地將事情解決。

(3) 謹慎、明智：衝突的真正解決在於雙方願意傾聽彼此，在互利互惠的情況下，才算真正地達成和解。這期間的過程充滿了艱辛，需要依賴耐心與智慧方能促成。

(4) 負責：在產業配合政府發展經濟的情況下，責任並非只有業者該獨力承擔，當傷害不幸造成時，與業者一起扛起的政府發揮出負責任的德行。

方案2

(1) 仁慈：希望國家的人民在成長的經濟環境下，福祉能獲得提升與增加。而且這種福祉的增加，較之「方案1」來得更加全面，除了慮及產業的發展能與民眾互惠互利之外，也顧慮到民眾的幸福生活必須有賴於經濟與心理的層面均兼顧才適宜。

(2) 謹慎：因為顧慮較為周全（如：經濟與心理的層面兩相兼顧），在不偏重任何一面向（產業發展或環保）的情況下，便不會輕易地訂出讓二方失去平衡的政策出來。

(3) 明智：如果偏重於二肇的任何一端，最終只會難以讓雙方進入到平衡互惠的狀態，更別說是溝通對話了。此方案在施行前定當是經過深思熟慮使然，雖然頗具難度，但思考所進入的深度極為透徹。

(4) 負責：如果將照顧環境的責任只認為是某一方的責任，自然而然會傾向於卸責，而不對該事項多所著墨，進而只會在事情（主要是傷害）發生時認為該進行的是處罰，而不是改善（獲此時的勸導改善只是虛應功夫而已）。一個

負責任的態度，是在傷害即將發生前，由己身所處的高度能適時地進行阻止，甚至于是提早做到預防的動作。

(5) 與人為善：獨善其身不應是政府該保持的處事模式，能夠做到一同扛責、一同承擔與一同面對問題，產業與民眾才會感同身受，一起被牽動在一起，認為自己也是與環境緊密關聯在一起的命運共同體，如此能發揮出的綜合功效才會與才能廣大而深遠！

(6) 勇敢：採行此方案的政府必須具備極大的勇氣方能進行。一則是業者可能會認為政府要求過多，因而傾向於選擇放棄對台灣繼續投資，而造成台灣企業出走，經濟停滯甚至於下滑；一則是民眾與環保團體未必也能完全認同政府所採取的策略（可能距離其期望仍有一定的差距）。再者，因為在民眾與環保團體中，有時處於不認同政策的情況下，會脫軌產生出不理性的行動，政府如何理性地與之對話，並化解可能產生的暴力衝突，除了需要智慧，也需要具備正義的勇氣（不偏無私於民眾的抗爭），方能妥善地解決問題與進一步獲得認同。

(7) 毅力：規勸業者自律，無異地需要做出更多的努力，那是一段長時間的奮鬥過程。即便如此，成效亦不見得明確而顯著。然而，若政府在執行此方案下，得到多數產業與民眾的認同，想當然耳，那必定是投注了十足的毅力使然。

方案 3

(1) 謹慎：此處所展現的德行與前述「方案 2」的並不相同，而是政府想努力針對地方環境與當地住民身體遭受到危害所採取的方案，其目的在於希望有效地遏止產業在創造利潤的同時，卻以當地環境與住民的健康作為犧牲。考量到產業在創造利潤，甚至於貢獻政府經濟果實的情況下，如何讓制訂出的法規讓產業認為合理，同時也讓民眾與當地住民認為能有效地解決他們的遭遇，需要政府投注大量的心力，並時刻地關注產業與住民、環境間的關係變化謹慎進行。

(2) 勇敢：「產業會出走嗎？」這是執行此方案的政府會立即想到的為難。故而，透過污染防制法案與相關法規的制訂，政府必須鼓起勇氣面對可能隨之而來的風險（經濟停滯與下滑）。然而，在民眾、環保團體與輿論間，政府也未必就能取得認同。在民眾不認同政策的情況下，可能會脫軌產生出不理性的行動，政府該如何理性地對話，並化解可能產生的暴力衝突，除了需要智慧，也需要具備正義的勇氣（不偏無私於民眾的抗爭），方能妥善地解決問題與

進一步獲得認同。而這種勇於面對一切來自產業與民眾的埋怨與衝擊，勇敢此德行是執行此方案的政府所明顯展現出來的。

(3) 毅力：有時在擔心產業會出走的情形下，政策或法規的執行通常無法貫徹，而讓污染環境與傷害住民的情事再度或經常發生。因此，執行此方案是需要歷經一段，甚或是必須持之以恒的長期抗爭，需要毅力作爲支撐不可。

方案 4

(1) 正義：執行此方案可謂完全是站立保護台灣環境的立場做爲考量，當產業對於環境與住民造成污染與傷害時，政府變身成爲捍衛正義的一方，對污染的產業使用公權力加以懲罰，務使環境與住民的權益獲得保障與伸張。

(2) 勇敢：「產業會出走嗎？」這是執行此方案的政府會立即想到的爲難。故而，透過污染防制法案與相關法規的制訂，政府必須鼓起勇氣面對可能隨之而來的風險（經濟停滯與下滑）。然而，在民眾、環保團體與輿論間，政府也未必就能取得認同。在民眾不認同政策的情況下，可能會脫軌產生出不理性的行動，政府該如何理性地對話，並化解可能產生的暴力衝突，除了需要智慧，也需要具備正義的勇氣（不偏無私於民眾的抗爭），方能妥善地解決問題與進一步獲得認同。而這種勇於面對一切來自產業與民眾的埋怨與衝擊，勇敢此德行是執行此方案的政府所明顯展現出來的。

(3) 謹慎：政府想努力針對地方環境與當地住民身體遭受到危害所採取的方案，其目的在於希望有效地遏止產業在創造利潤的同時，卻以當地環境與住民的健康作爲犧牲。考量到產業在創造利潤，甚至於貢獻政府經濟果實的情況下，如何讓制訂出的法規讓產業認爲合理，同時也讓民眾與當地住民認爲能有效地解決他們的遭遇，需要政府投注大量的心力，並時刻地關注產業與住民、環境間的關係變化謹慎進行。

(4) 毅力：在擔心產業會出走的情形下，政府對政策或法規的執行通常無法貫徹，而讓污染環境與傷害住民的情事再度或經常發生。甚至是與產業進行妥協，造成諸多不正義的事情發生。因此，執行此方案是需要歷經一段持之以恒的長期抗爭，非得需要毅力作爲支撐不可。

　　根據德行論的總評估：透過對「方案 2」的分析與觀察，執行此方案的政府可充分從其行爲中探勘出其具備了多重的德行，如：仁慈、謹慎、負責、勇敢等，在所有的方案中展現了最多的德行，是最值得我們學習與效法的對象。

六、有哪些實際上的限制？

「人」的方面

方案 1：此方案主要所涉及到的「人」，為產業經營者與受到產業環境污染傷害的民眾，可能還必須包括那些民眾的家人們（因為照顧需要而產生關聯）。

方案 2：此方案主要所涉及到的「人」，為產業經營者與受到產業環境污染傷害的民眾，可能還必須包括那些民眾的家人們。若執行此方案有成，相較於「方案1」，人數應較「方案1」所涉及的為少。

方案 3：違反法規規範的產業經營者、當地住民與環保團體會是主要所涉及到的「人」。

方案 4：違反法規規範的產業經營者、當地住民與環保團體會是主要所涉及到的「人」。產業經營者可能亦會包含雖沒有違反規範，但深覺台灣法規嚴苛而打算放棄在台灣的經營者。

「事」的方面

方案 1：可能需舉辦多場說明會、調解會，甚至於是協助參與法律訴訟等。

方案 2：除可能需舉辦多場說明會、調解會，甚至於是協助參與法律訴訟等外，也需要經常拜訪產業使其瞭解政府的目標。

方案 3：可能需舉辦多場關於法規的說明會，也必須召集學者、產業相關人員與環保團體人士一同召開制訂法規會議，最後再透過立法確定其法規效力。有時也會牽涉到一些法律訴訟的相關事宜必須參與。

方案 4：可能需舉辦多場關於法規的說明會，也必須召集學者、產業相關人員與環保團體人士一同召開制訂法規會議，最後再透過立法確定其法規效力。也會牽涉到一些法律訴訟的相關事宜必須參與，同時為免產業出走造成經濟有停滯或下滑的風險，也會需要辦理一些招商活動，吸引願意配合台灣政府環保法規的產業進入投資。

「時」的方面

方案 1：在時間的消耗上，此方案需耗費的時間為「促成產業與民眾之間的和解」所花費的時間，以及協助遭產業造成傷害的民眾從訴訟到獲得賠償的時間。

方案 2：可能除了需耗費「促成產業與民眾之間的和解」所花費的時間，以及協助遭產業造成傷害的民眾從訴訟到獲得賠償的時間外，也需要花費時間在需舉辦多場說明會、調解會、協助參與法律訴訟，拜訪產業使其瞭解政府目標的時間。

方案 3：需花費舉辦多場關於法規的說明會的時間，也需花費時間在召集學者、產業相關人員與環保團體人士一同召開制訂法規會議，以及等待透過立法確定其法規效力的時間。一些相關訴訟也可能需花費不少的時間。

方案 4：需花費舉辦多場關於法規的說明會的時間，也需花費時間在召集學者、產業相關人員與環保團體人士一同召開制訂法規會議，以及等待透過立法確定其法規效力的時間。一些相關訴訟也可能需花費不少的時間。此外，辦理一些招商活動，吸引願意配合台灣政府環保法規的產業進入投資辦理一些招商活動，吸引願意配合台灣政府環保法規的產業進入投資，也可能需要花費不少的時間。

「地」的方面

方案 1：與「促成產業與民眾之間的和解」的任何地點皆有可能。若牽涉到協助遭產業造成傷害的民眾，法院也是可能牽涉在內的地點。

方案 2：與「舉辦多場說明會與調解會」的任何地點皆有可能。也牽涉到與「促成產業與民眾之間的和解」的任何地點，還有協助遭產業造成傷害的民眾獲得賠償的相關地點。另，為了協助產業瞭解政府目標，產業所在地也是相關的地點。

方案 3：與「舉辦多場關於法規的說明會」的任何地點皆有可能。此外，亦有召集學者、產業相關人員與環保團體人士一同召開制訂法規會議的相關地點。另外，還有包含立法機關相關地點。若有發生訴訟，法院也是可能牽涉在內的地點。

方案 4：與「舉辦多場關於法規的說明會」的任何地點皆有可能。此外，亦有召集學者、產業相關人員與環保團體人士一同召開制訂法規會議的相關地點。若有發生訴訟，法院也是可能牽涉在內的地點。另外，還有包含立法機關相關地點、辦理一些招商活動的相關地點。

「物」的方面

　　　　方案1：主要是「舉辦多場說明會、調解會」的相關物品。若牽涉到協助遭產業
　　　　　　　造成傷害的民眾，相關證明文件、證據也是需要準備的物品。

　　　　方案2：主要是「舉辦多場說明會、調解會」的相關物品。若牽涉到協助遭產業
　　　　　　　造成傷害的民眾，相關證明文件、證據也是需要準備的物品。此外，還
　　　　　　　有相關於協助產業暸解政府目標的說明資料文件與相關物品。

　　　　方案3：與「舉辦多場關於法規的說明會」的相關物品。若牽涉到協助遭產業造
　　　　　　　成傷害的民眾，相關證明文件、證據也是需要準備的物品。另，與「召
　　　　　　　集學者、產業相關人員與環保團體人士一同召開制訂法規會議」所需要
　　　　　　　的相關文件與會議用品。若牽涉到與產業進行官司，相關證明文件、證
　　　　　　　據也是需要準備的物品。

　　　　方案4：與「舉辦多場關於法規的說明會」和「召集學者、產業相關人員與環保
　　　　　　　團體人士一同召開制訂法規會議」所需要的相關文件與會議用品。若牽
　　　　　　　涉到與產業進行官司，相關證明文件、證據也是需要準備的物品。

七、該做哪些最後的決定？

（一）效益論

　　　「方案2」為最相符能達成「能讓國內經濟蓬勃發展，又能讓產業對當地環境與住
民造成最小程度的影響，即是能產生最多「正面效益」與最少「負面效益」」藍圖的
方案。以鼓勵方式規勸業者自律來盡到對於產業所在當地環境與住民的義務，而非以
強制方式限制與逕行開罰（產業可能寧願選擇罰錢了事，或另尋更多方式規避責任，
甚至選擇不在台灣繼續延續產業）。此方案若能順利遂行，喚起產業，甚至更多的民
眾對於環境污染議題的重視，對人的權益的尊重，有希望能因此繃生對最大數人產生
最大的幸福（福祉）。

（二）義務論

　　　「方案2」是道德上「對的」且「具有道德價值」的行為，是義務論會認同，且殷
殷期盼該努力去履行的道德義務。以其方案的內容來看，道德義務皆明顯著重於我們
該尊重環境與住民的應有權益與權利，而不該以經濟果實的創造而忽略了平衡。「方
案2」與其他方案的差異點在於手段上，較為溫和而非嚴厲。不過，本質上都是希望能
創造出讓產業與環境、住民雙贏的局面。

（三）德行論

　　「方案 2」是最值得我們學習與效法的方案。通過對該方案的分析與觀察，執行此方案的政府可充分從其行為中探勘出其具備了多重的德行，如：仁慈、謹慎、負責、勇敢等，是所有的方案中展現了最多德行的方案。

（四）實際上的限制與評估

　　在執行「方案 2」的過程中，可能遭遇到的阻礙與限制並不見得少於其他方案，如從「時」的面向來看，可能除了需耗費「促成產業與民眾之間的和解」的時間，以及協助遭產業造成傷害的民眾從訴訟到獲得賠償的時間，也需要花費時間在需舉辦多場說明會、調解會、協助參與法律訴訟，拜訪產業使其瞭解政府目標的時間等。相關於「舉辦多場說明會、調解會」、「協助遭產業造成傷害的民眾」，還有相關於「協助產業瞭解政府目標」所準備的相關證明文件、證據、說明資料文件與相關物品實在不能算少。儘管如此，在「人」的方面，「方案 2」若能執行地有成效，那麼相較於「方案 1」，定能減少所涉及的人數。

　　依據以上「道德理論評估」與「實際上的限制與評估」，「方案 2」（以經濟發展為優先，規勸產業自律，對環境與住民盡到應盡的義務）是政府在面對產業與環境污染問題時，建議採行的方案，當然「方案 3」的相關於污染防制法案與相關法規的制訂最好亦能一併進行，不過此問題的真正解決，還是在於產業願意對此議題給予相當程度正視與重視，並能賦予自身義務與責任感。

　　對環境的傷害幾乎只會是一去不回頭，因此消極的制止仍雖然是必須進行的事，然而更重要的是，我們能真正認識到我們只有一個地球，而我們能與之共生互利，以互惠代替利用，以關懷取代破壞，即便需要付出的更多努力，但回饋與效益卻是無可計量的豐厚！

PART V

附錄篇
appendix

全國法規資料庫 QRCode

	勞動基準法
	性別工作平等法
	消費者保護法
	公平交易法
	食品安全衛生管理法
	營業秘密法
	空氣污染防制法
	水污染防治法
	室內空氣品質管理法

	噪音防制法
	廢棄物清理法
	民法
	刑法

課外補充影片連結

	社畜攻略－職場倫理潛規則 TOP6 （https://reurl.cc/d26b7M）
	下班傳 LINE 視同加班？ 1 則訊息算加班 4 小時 （https://reurl.cc/WrlYGD）
	這群人 TGOP ｜令人火大的經典語錄—職場篇 （https://reurl.cc/e31bdW）
	終結職場霸凌！如何應對與自救 （https://reurl.cc/an2beZ）
	賈伯斯時間 Part：15 職場工作壞習慣 （https://reurl.cc/9G2AnV）
	情緒勒索（三）：受夠主管的情緒化？三步驟不失職場倫理的應對方式 （https://reurl.cc/e31bQ7）

	職場真的有潛規則？被性騷擾只能忍耐？ （https://reurl.cc/7D5AWk）
	開刀房昏倒「首例」！醫師過勞獲賠 ... 智力退化如小孩 （https://reurl.cc/NAV89q）
	電話別亂接！上班族必看電話禮儀！ （https://reurl.cc/j1L4oL）
	社畜攻略－職場最難一課：和這 9 種討厭鬼共事（上） （https://reurl.cc/8odARb）

其他參考資料

	勞委會──簽訂競業禁止參考手冊 （http://ewda.tw/modules/tadnews/index.php?nsn＝1025）
	台灣污染前景俏，遠見雜誌 （https://www.gvm.com.tw/article.html?id＝3703）
	「環境零污染」長路漫漫，天下雜誌 （https://www.cw.com.tw/article/article.action?id＝5037211）
	環境運動背後的經濟發展省思，地球公民基金會 （https://www.cet-taiwan.org/node/2022）
	石化產業造成的水污染 （http://takao.tw/water-pollution-caused-by-the-petrochemical-industry/）
	高污染產業，我們的島 （http://ourisland.pts.org.tw/）

歡迎加入 全華會員

● 會員獨享

會員享購書折扣、紅利積點、生日禮金、不定期優惠活動⋯等。

● 如何加入會員

填妥讀者回函卡直接傳真 (02) 2262-0900 或寄回，將由專人協助登入會員資料，待收到 E-MAIL 通知後即可成為會員。

如何購買 全華書籍

1. 網路購書

全華網路書店「http://www.opentech.com.tw」，加入會員購書更便利，並享有紅利積點回饋等各式優惠。

2. 全華門市、全省書局

歡迎至全華門市（新北市土城區忠義路 21 號）或全省各大書局、連鎖書店選購。

3. 來電訂購

(1) 訂購專線：(02) 2262-5666 轉 321-324
(2) 傳真專線：(02) 6637-3696
(3) 郵局劃撥（帳號：0100836-1 戶名：全華圖書股份有限公司）

※ 購書未滿一千元者，酌收運費 70 元。

OpenTech.com.tw 全華網路書店

全華網路書店 www.opentech.com.tw
E-mail: service@chwa.com.tw

※ 本會員制如有變更則以最新修訂制度為準，造成不便請見諒。

書 回 函 卡

填寫日期： ／ ／

· 需求書類：

□ A. 電子 □ B. 電機 □ C. 計算機工程 □ D. 資訊 □ E. 機械 □ F. 汽車 □ I. 工管 □ J. 土木

□ K. 化工 □ L. 設計 □ M. 商管 □ N. 日文 □ O. 美容 □ P. 休閒 □ Q. 餐飲 □ B. 其他

· 本次購買圖書為： _____ 書號： _____

· 您對本書的評價：

封面設計：□非常滿意 □滿意 □尚可 □需改善，請說明 _____

內容表達：□非常滿意 □滿意 □尚可 □需改善，請說明 _____

版面編排：□非常滿意 □滿意 □尚可 □需改善，請說明 _____

印刷品質：□非常滿意 □滿意 □尚可 □需改善，請說明 _____

書籍定價：□非常滿意 □滿意 □尚可 □需改善，請說明 _____

整體評價：請說明 _____

· 您在何處購買本書？

□書局 □網路書店 □書展 □團購 □其他

· 您購買本書的原因？ (可複選)

□個人需要 □幫公司採購 □親友推薦 □老師指定之課本 □其他

· 您希望全華以何種方式提供出版訊息及特惠活動？

□電子報 □ DM □廣告 (媒體名稱) _____

· 您是否上過全華網路書店？ (www.opentech.com.tw)

□是 □否 您的建議 _____

· 您希望全華出版那方面書籍？ _____

· 您希望全華加強那些服務？ _____

勘 誤 表

書 號	頁 數	行 數	書 名	作 者
			錯誤或不當之詞句	建議修改之詞句

我有話要說：(其它之批評與建議，如封面、編排、內容、印刷品質等⋯)

第一章　問題與討論

班級：_____　學號：_____　姓名：_____

1. 何謂「職場倫理」？

2. 職場中有哪些兩難情境？試舉一例。

3. 職場倫理的八個領域的內容？

（請沿虛線撕下）

第二章　問題與討論

班級：_____　學號：_____　姓名：_____

1. 當新聞媒體又傳來一則則殘忍的殺人事件，觸動了國人對於「廢死」與「反廢死」的爭議，請評論在各立場所主張的理由與根據中，哪些可能是出自於「輕率推理」或「情緒障礙」所得出？

2. 當公司一群愛聊八卦的同事又在嚼舌根時，向你／妳透露一位與你／妳不合的同事在主管那邊打你／妳的小報告，你／妳會如何思考與處理這個問題？

3. 請試著從自己以前曾經做過的判斷中，列舉自身可能有的思考障礙是什麼？並在約略做出描述後，提出自我改進的策略。

（請沿虛線撕下）

第三章　問題與討論

班級：＿＿＿＿＿＿＿　　學號：＿＿＿＿＿＿＿　　姓名：＿＿＿＿＿＿＿

1. 職場中「說謊」的行為隨時可見，根據壹電視「真實謊言」節目與 1111 人力銀行合作的調查，7 成 6 受訪上班族曾經在職場說謊或聽過謊話，例如：員工對主管說：「抱歉，因為路上發生車禍塞車，所以遲到了！（其實是睡過頭了）」，請試著列出其中說謊員工所面臨的兩難困境。

2. 1993 年通用汽車（General Motors，通稱為 GM）曾經因為車子油箱問題造成車輛遭撞擊後起火，導致安德森所駕駛車輛上的六人均遭到嚴重燒傷。法院在調查的過程中發現，油箱產生問題的主要原因在於該公司設計疏漏（油箱設計在車後，並接近後保險桿）所造成。但是通用汽車經利益評估認為，更改油箱的成本遠高過發生事故的賠償金額，所以就任由汽車油箱起火事件發生。請試著分析通用汽車的決策者是否有理性的依據能支持他們在面對道德兩難問題時所做出的決定。

3. 請善用資訊社會所帶給你／妳的便利，使用手機、平板或筆電上網搜尋真實發生在職場中的事件，並在其中舉出你／妳所觀察到的某一位職場從業人員，他／她所遭遇到「兩難問題」為何？（例如：2014 年爆發餿水油風暴，知名餅店台北犁記也中招，第一線接受顧客退貨的營業人員，遭遇到了消費者的謾罵。這些從業人員在「尊重消費者」與「捍衛自身尊嚴」之間產生了兩難。）

第四章　問題與討論

班級：＿＿＿＿＿＿＿　　學號：＿＿＿＿＿＿＿　　姓名：＿＿＿＿＿＿＿

1. 請你思考，在第一步驟中曾提到的假設性情境：你想與你的死黨共遊，但時間適逢期中考前一週，此時你會蒐集哪些相關的資訊，輔助你說服你的爸媽讓你參與死黨的活動呢？或者你是否能蒐集相關資訊遊說你的死黨進行改期呢？

2. 嘗試分辨下列哪些句子是關於「倫理判斷」的句子，哪些句子是「描述事實」的句子。

    (1)（　　　　　）2015 年 8 月 8 日蘇迪勒颱風襲台，造成全台四百萬戶大停電。

    (2)（　　　　　）小華不應該欺騙大林。

    (3)（　　　　　）媒體應該保持中立、客觀。

    (4)（　　　　　）男女同工同酬是公司計劃朝向的目標。

3. 案例：你是某速食餐飲店的外場點餐人員。中午用餐時間，來了一家三口，包含爸爸、媽媽和一個胖嘟嘟的小男孩。

    媽媽開口問小男孩：「孩子，今天你想吃什麼？」

    那胖嘟嘟的小男孩看著媽媽說：「我要三塊炸雞，一杯可樂，還有一個漢堡。」接著他直接轉頭對你下訂單。

    但這時候媽媽打斷孩子的話說：「孩子，三塊炸雞太多了，你吃不完；可樂熱量太高，也太甜了。把炸雞換成沙拉，可樂換成牛奶好嗎？」

    胖嘟嘟的小男孩大哭了起來。堅持就是要炸雞、可樂和漢堡。

    這時候爸爸說話了：「兒子乖，聽媽媽的話，媽媽也是為了你好，擔心你的健康。」

    試問，在這個事件中，作為速食餐飲店員工的你，會依照誰下的訂單點餐呢？是爸爸？還是媽媽的？抑或是胖嘟嘟的小男孩的呢？理由是什麼？

    （請從「主要利害關係人是誰？」的角度思考此問題。）

第五章 問題與討論

班級：＿＿＿＿＿＿ 學號：＿＿＿＿＿＿ 姓名：＿＿＿＿＿＿

1. 請解釋效益論的「最大幸福原則」的意思，「最大幸福原則」可能會遭遇怎麼樣的理論困難，嘗試從新聞媒體尋找一些實際事件，來說明其理論困難。

2. 請搜尋一則台灣近年來與都市更新或土地開發有關的爭議事件，並對事件進行資料的蒐集與理解後，嘗試使用效益論的量化計算方式，分析爭議兩端不同立場的主張，找出何者是最符合效益論的方案。

3. 草帽海賊團進入新世界後，來到了魚人島，沒想到魚人島的新魚人海賊團在船長霍迪的帶領之下，意圖推翻魚人島的統治階級，以取得統治權。霍迪因童年目睹人類任意虐待魚人族，更受到憎恨人類的魚人街居民影響，極為厭惡人類，對願意幫助人類的魚人也十分殘酷，魚人島因此陷入極大的危機。此時，草帽海賊團團長魯夫（路飛）立馬說：「我要去打扁那個傢伙，我們馬上去大幹一場吧！」船員妮可・羅賓說：「我們先查探清楚新魚人海賊團為什麼手段這麼激烈，還有他們企圖為何？再來討論下一步該怎麼辦吧？」船員騙人布瑟縮在一旁說：「這裡好恐怖啊，我們趕快離開吧！」

   從以上情況可知，草帽海賊團在魚人島遭遇了困境，他們的下一步行動應該為何呢？如果你也是草帽海賊團的一員，請嘗試使用效益論的思考方法，分析魯夫（路飛）、妮可・羅賓、騙人布三人的提議，何者最佳？或者，你能再提出更好的建議嗎？試詳細分析之。

4. 《孟子》中有一段很有名的比喻：「所以謂人皆有不忍人之心者，今人乍見孺子將入於井，皆有怵惕惻隱之心；非所以內交於孺子之父母也，非所以要譽於鄉黨朋友也，非惡其聲而然也。」道出當我們發覺他人身處危難之際，都會有同情憐憫他人之心，因而對他人伸出援手。在此，我們先不管《孟子》的倫理學體系之定位問題，而以本章效益論為脈絡來看，「當他人有危難之時的不忍人之心」如果被當作是一倫理規範，請試著依此倫理規範舉出一個倫理情境，並就此情境闡述與說明「有時候僅能遵守此倫理規範，就效益論而言，不見得是最佳的行為選擇，反而有可能是不符合效益的，而是惡的。」

第六章　問題與討論

班級：＿＿＿＿＿＿＿　　　學號：＿＿＿＿＿＿＿　　　姓名：＿＿＿＿＿＿＿

1. 如果你／妳就是那位被蓋世太保質問的老百姓，你／妳該如何做出回答，而且又能兼顧「不違背『不說謊』此道德義務」以及「保護你／妳的猶太人朋友」呢？

2. 在《金牌特務》影片中，男主角伊格西的父親以肉身覆蓋手榴彈而拯救了其他特務的生命，他的行為準則可以被普遍化嗎？抑或，我們可以從中看出義務論是否還有什麼樣的疑慮呢？

3. 在義務論的看法中，以「為了義務而履行義務」的動機所做出來的行為才是具有道德價值的行為。那麼，小時候砍倒櫻桃樹的美國首任總統喬治‧華盛頓（George Washington），如今成為我們稱頌的誠實典範。我們是否該描述他「據實以告」的誠實行為，其實在內心經歷著衝突與掙扎，由於擔心被父親責備而顯示出他對誠實的行為並沒有主觀的喜好，但最終他還是誠實地道出自己是砍倒櫻桃樹的人，反而讓我們看出他的行為的確是出自於「為了義務而履行義務」的動機，是具有道德價值的行為。試問：

   (1) 是否真的需要看出行為者「主觀喜好」與「行為」間的衝突，才能夠確定他的行為的確是出自於「為了義務而履行義務」的動機呢？有沒有一些好的例子，可以讓我們能立即就看出行為者所做出的行為是具有道德價值的呢？

   (2) 一位總是實話實說的行為者（例如：「誠實」已經成為了他的習慣），他的誠實行為在義務論的看法中卻有可能是不具有道德價值的（在他的行為動機中看不出是來自於「為了義務而履行義務」的動機），我們該如何看待這樣的問題？這會是義務論的隱憂嗎？還是義務論能對於此類行為者所做出的行為做出一個合理解釋的方式？（可參考下一章「德行論」。）

第七章 問題與討論

班級：＿＿＿＿＿＿＿　　學號：＿＿＿＿＿＿＿　　姓名：＿＿＿＿＿＿＿

1. 小的時候，你的老師可能要你寫一則「我的志願」的作文，但你有多久沒有想過這個問題了呢？現在，我們想請你花一點時間，書寫一篇「我的志願」的小文章，再來重新思考一下「自己的人生目標」。

2. 某航空公司決定徵選座艙長，這次參與競爭的空服員有三十位，並從中挑選出五位作為座艙長。座艙長的工作目的是為了讓機艙中的旅客旅途平安、舒適。假如你是挑選的面試官，你將如何擬定你的挑選計劃呢？

3. 依照亞里斯多德所提出來「中庸」的品格德行，你認為荒木二廚應該培養哪些品格德行較為適當呢？理由是什麼呢？

4. 有一天，你在海邊撿到了一個神燈，神燈之神感謝你解放了祂，同意給你三個願望，這三個願望是在他能力所及的範圍內讓你選擇擁有的三種人世間令人稱羨的東西或品格。下列是他能力所及可以協助你達成的願望列表，你將選擇哪三個重要東西呢？三個東西的排列順序又為何呢？理由是什麼？那麼你又願意花多少人生的精力去取得這些東西呢？

美貌	語文能力	耐心
孝順	友情	考取公職
人間美食	勇氣	地位
財富	事業	誠實
應變能力	健康	休閒生活
快樂	名牌用品	連線遊戲
人際關係	愛情	體貼
智慧	世界和平	正義感
口才	信用	家人
研究能力	汽車洋房	偶像週邊商品

（請沿虛線撕下）

班級：＿＿＿＿＿＿＿　　學號：＿＿＿＿＿＿＿　　姓名：＿＿＿＿＿＿＿

是非題

（　　）1. 在公司內，為求真誠交心，必須和善對待，就算影響到一些公司的紀律亦屬可接受的範圍。

（　　）2. 主管合理、公平與公正地處理部屬的每一件事，大公無私，毫無例外。

（　　）3. 主管在萬不得已時，開除或轉調部屬也是合理解決事情的選項之一。

（　　）4.「分析自己」在職場中是重要的，如此能夠做了解自己，選擇最擅長的事，凸顯與強化自己的特質。

（　　）5. 小森於離職後，將她在 A 公司任職時整理、開拓的客戶資料帶走。並在進入 B 公司工作後持續與這些客戶保持聯繫並推銷 B 公司的產品。小森這種做法並無不妥，因為這些客戶皆是由小森開發與聯繫的，小森理應繼續連繫。

問答題

1. 若你是宮本山，你會怎麼回應李春梅的要求呢？若你選擇了方案三，你將如何安撫與協助李春梅呢？

第八章　第四節　問題與討論

班級：＿＿＿＿＿＿＿　學號：＿＿＿＿＿＿＿　姓名：＿＿＿＿＿＿＿

（　　）1. 當我們在「倫理道德何在」的步驟提出：「偉強是否應該將 M 公司的遊戲開發相關資料提供給 R 公司？」這樣的提問時，這是屬於哪個層面的道德問題？ (1) 公司組織層面　(2) 個人層面　(3) 法律層面　(4) 社會風俗層面。

（　　）2. 就偉強解決方案的部分，若偉強的評估是考量此方案如何能獲得最多數人的最大效益，此是屬於哪一種倫理學理論的思考方式？　(1) 義務論　(2) 德行論　(3) 效益論　(4) 以上皆非。

（　　）3. 偉強如果在與 M 公司協議挖角的過程中，同意了將過去在 R 公司的遊戲開發資料提供給 M 公司，他可能會違反哪一項法律？　(1) 營業秘密法　(2) 公平交易法　(3) 刑法　(4) 性別工作平等法。

（　　）4. 競業禁止條款的簽訂目前屬非要式契約，只要契約當事人合意，契約即成立，但建議要有書面契約最佳，而簽訂相關約定應注意以下幾項基本內容，以下哪一項內容不包含在內：　(1) 競業禁止之明確期限　(2) 競業禁止之區域範圍　(3) 競業禁止之行業或職業之範圍　(4) 競業禁止之舉報獎金。

（　　）5. 根據營業秘密法，下列哪一種情形，不屬於侵害營業秘密的範圍？　(1) 以正當方法取得營業秘密者　(2) 知悉或因重大過失而不知其為營業秘密，而取得、使用或洩漏者　(3) 因法律行為取得營業秘密，而以不正當方法使用或洩漏者　(4) 依法令有守營業秘密之義務，而使用或無故洩漏者。

（　　）6. 出資聘請他人從事研究或開發之營業秘密，其營業秘密之歸屬依契約之約定；但當契約未約定時，營業秘密歸誰所有？　(1) 出資者　(2) 受聘人　(3) 公司　(4) 以上皆是。

班級：_____　學號：_____　姓名：_____

1. 請問你可以找出前述三種以外的方案嗎？
2. 如果有其他方案可以選擇，分析此方案是否符合道德法則，及其限制性？
3. 你對於自己所選擇的方案，需要承擔何種責任？
4. 請用網路搜尋因採取商業決策，而忽略道德決策導致失敗的案例？
5. 請用網路搜尋只採取道德決策，而忽略商業決策進而成功或失敗的案例？
6. 你覺得合作廠商有哪些是絕對不能出現的問題？

（請沿虛線撕下）

第八章　第六節　問題與討論

班級：_____　學號：_____　姓名：_____

是非題

（　　）1. 根據「消費者保護法第四條」：企業經營者對於其提供之商品或服務，應重視消費者之健康與安全，並向消費者說明商品或服務之使用方法，維護交易之公平，提供消費者充分與正確之資訊，及實施其他必要之消費者保護措施。

（　　）2. 某烘培坊標榜製作產品過程不添加任何香精，卻被細心的消費者踢爆是謊言。烘培坊經理對外表示，添加香精是某位麵包師傅個人行為，與烘培坊無關。因此消費者恐無法獲得某大烘培坊的賠償。

（　　）3. 某釀造醋公司宣稱：醋越陳越香。通路商將未賣出之過期醋產品送回公司後，公司可再行回收、消毒、加工處理販售。

（　　）4. 行政院為研擬及審議消費者保護基本政策與監督其實施，設置了「消費者保護委員會」。

（　　）5. 因為修改、延長食品保存期限，可延長販售時間且不浪費食品，又可讓總公司獲得較大利益，可視為符合「效益論」行為之表現。

問答題

1. 請思考若你是杜瑞峰，你會選擇哪一解決方案？理由是什麼？或者你有更適當的解決方案，請說明之。

第八章　第七節　問題與討論

班級：＿＿＿＿＿＿＿　　學號：＿＿＿＿＿＿＿　　姓名：＿＿＿＿＿＿＿

1. 請問你可以找出前述三種以外的方案嗎？

2. 如果你有其他方案可以選擇，分析此方案是否能符合道德法則，及其限制性？

3. 你對於自己所選擇的方案，需要承擔何種責任？

4. 你覺得政府在現有的法規上，如何修定才能保障並維護員工個人的權益？

5. 你覺得在何種情況下，「可以」接受雇主或主管用 LINE 要求下班處理公司業務？

6. 你覺得在何種情況下，「很難」接受雇主或主管用 LINE 要求下班處理公司業務？

（請沿虛線撕下）

第八章 第八節 問題與討論

班級：＿＿＿＿＿＿＿＿　　學號：＿＿＿＿＿＿＿＿　　姓名：＿＿＿＿＿＿＿＿

是非題

(　　) 1. 追求經濟發展，同時又要兼顧環保的雙贏局面，基本上是難以兩全的議題，政府只能擇一為之，以免造成經濟成長的阻滯。

(　　) 2. 日本的三菱汽車在數據造假醜聞發生後，勇於向社會大眾承認錯誤，並承諾招回有安全疑慮的車輛，善盡所有的賠償責任，是公司「永續經營」態度的展現。

(　　) 3. 台灣積體電路公司積極評估水資源風險與可能衝擊，執行減緩氣候風險方案，同時兼顧日常節水與缺水調適，整合公司內部與外部資源持續落實製程節水與水回收再利用，是一種社會企業責任的展現。

選擇題

(　　) 1. BP 石油公司在 2010 年爆發墨西哥灣漏油事件以後受到了來自全球各地排山倒海的撻伐，重創了 BP 自身的公司名譽，然而，BP 並沒有因為此事故而讓其成立百餘年的招牌就此倒下的原因是： (1) 勇於承認錯誤 (2) 積極展現補償社會的態度 (3) 承諾將努力挽救其所造成的災害 (4) 以上皆是。

(　　) 2. 企業能否永續經營的關鍵因素有： (1) 企業對於研發與創新的重視程度 (2) 企業對於名譽管理的重視程度 (3) 企業對於社會的貢獻程度 (4) 以上皆是。

(　　) 3. 解決存在於經濟發展與環境永續間兩難的關鍵因素在於： (1) 政府的強制力 (2) 企業（或產業）的自律 (3) 住民的抗議 (4) 輿論的撻伐。

問答題

1. 何謂企業（或產業）的「永續經營」？試舉一個例子說明。

2. 台灣企業在現階段可能存永續經營的危機為何？試舉例子說明。